体育教学理论与实践

郝 萍 刘 艳 李永杰 ◎著

吉林文史出版社

图书在版编目（CIP）数据

体育教学理论与实践 / 郝萍，刘艳，李永杰著. --
长春 ：吉林文史出版社，2022.9
ISBN 978-7-5472-8784-2

Ⅰ. ①体… Ⅱ. ①郝… ②刘… ③李… Ⅲ. ①体育教
学—教学研究 Ⅳ. ①G807.4

中国版本图书馆 CIP 数据核字（2022）第 165069 号

TIYU JIAOXUE LILUN YU SHIJIAN
书　　名 体育教学理论与实践
作　　者 郝　萍　刘　艳　李永杰
责任编辑 陈　昊
出版发行 吉林文史出版社有限责任公司
地　　址 长春市福祉大路 5788号
印　　刷 北京四海锦诚印刷技术有限公司
开　　本 185mm×260mm 1/16
印　　张 12.25
字　　数 275 千字
版　　次 2023年 10 月第 1 版　　2023年 10 月第 1 次印刷
定　　价 52.00 元
ＩＳＢＮ 978-7-5472-8784-2

前　言

与文化课教学不同，体育课是以一种独特的身体活动方式呈现，在教学原理和方法的选择使用上有其特殊性的科目。体育教师作为体育课程内容的传授者，跟上体育课程变革的步伐，在继承与发展创新的交织中熟练掌握体育课程教学基本理论和方法是其必备的专业技能。近年来，随着我国教育事业的不断发展与进步，体育理论课教学已成为高校体育教育工作的重要组成部分，对大学生体育意识及综合能力的培养具有重要的意义，但是这项任务仍然处于摸索待实施的状态，如果想要使该项任务能够圆满完成，还需要进行一系列的铺垫工作。

基于此，本书以"体育教学理论与实践"为题，全书共设置七章：第一章阐述体育与体育教学、体育教学的原则、体育教学环境及其优化、体育教学中的德育管理，第二章分析我国体育教学理论定位与演进、体育教学工作组织与管理理论、体育教学理论发展与研究趋势，第三章解析有效体育教学及方法、体育理念性教学方法、体育原理性教学方法、体育操作性教学方法，第四章探索体育课堂教学的有效备课、体育课堂教学的设计分析、体育课堂教学的科学管理、体育说课与模拟上课教学，第五章讨论体育教学评价的内涵与原则、体育教学评价的功能与类型、体育教学评价的设计与标准，第六章探讨体育教学资源的内涵与类型、体育教学人力资源与媒体资源、体育教学内容资源与设施资源、课外与校外的体育教学资源，第七章探讨篮球运动教学实践、乒乓球运动教学实践、游泳运动教学实践。

全书秉承较为新颖的理念，内容丰富详尽，结构逻辑清晰，客观实用，从体育教学基础概念引入，系统性地从体育教学理论、教学方法体系、体育课堂教学、教学评价与教学资源，以及不同类型的体育运动教学进行解读。另外，本书注重理论与实践的紧密结合，对我国体育教育具有一定的参考价值。

本书的撰写得到了许多专家学者的帮助和指导，在此表示诚挚的谢意。由于笔者水平有限，加之时间仓促，书中所涉及的内容难免有疏漏与不够严谨之处，希望各位读者多提宝贵意见，以待进一步修改，使之更加完善。

目　录

第一章 体育教学概述

第一节 体育与体育教学

一、体育

（一）体育的功能

"体育与教育一样能使人更加健康健全，体育能够'野蛮其体魄，文明其精神'，也就是说，体育既有竞技性的一面也有教育性的一面。"① 体育的功能产生于体育的本质和社会的需要，并从促进社会物质文明和精神文明中表现出来。体育的功能具体如下：

1. 健身功能

体育是以身体的直接参与来表现的，这是体育最本质的特点，它决定了体育的健身功能，具体如下：

（1）改善大脑供血和供氧，提高中枢神经系统的适应能力，能使人心情舒畅，调节社会、生活和工作的压力。

（2）促进人体的生长发育，加速新陈代谢。

（3）对人体内脏器官构造的改善有着积极的作用。

（4）刺激骺软骨的增生，促进骨骼的生长。

（5）提高肌肉的工作能力。

（6）提高人体的免疫力、抗疾病能力和心理承受能力。

（7）提高对自然环境和社会环境的适应能力，预防疾病，延缓衰老。

---

① 贾宁. 论体育教学中的教育性原则之旁落与唤起 [J]. 中国教育学刊, 2021 (8)：72.

2. 娱乐功能

体育运动既可以帮助人们提高身体素质，也可以获得精神上的愉悦，陶冶情操。人们可以在运动中暂时放下繁忙的工作，让身心获得暂时的休息。实现体育娱乐功能的主要途径是参观和参与。体育运动具有极高的观赏性，尤其是高水平的竞技体育活动，能够展现出力量与速度的完美结合，让观众欣赏到人体力量和运动之美。另外，体育活动可以让参与者彼此相互配合，在与他人的竞技中获得不一样的身心体验，娱乐自身。

3. 社会化功能

人的社会化就是个体社会化，是人从生物的人变为社会的人的过程。在这一转变过程中，体育运动扮演着重要角色。人们学会的基本生活技能都是通过体育运动获得的，婴儿的被动体操、儿童的打闹嬉戏、长大后适应社会等，都需要通过体育活动获得。人们在进行体育运动时，必须遵守体育规则，通常由教师或教练告知规则并进行监督，这一过程就是让人们养成遵守社会规则的行为习惯。

体育运动具有社会性，在体育运动中，人们相互交流，彼此默契配合，可以促进人际交往，提高人们的沟通能力。为了促进人类社会健康发展，就要在社会各类人群中普及健康和体育运动相关知识，使青少年、中年人、老年人等群体能通过获得的体育知识，进行健康的体育活动，培养健康的生活方式。在促进个体社会化方面，体育已经深入社会生活的方方面面，扮演着重要的角色。

4. 教育功能

体育是教育的重要组成部分，体育的教育功能也是最基础的功能。人们参与各类体育活动的同时也在接受教育，无论是在学校、俱乐部，还是训练场等其他各类场所的锻炼，都会有教师、教练和同伴进行指导和教授。尤其在校学生处于身体生长发育阶段，也处于世界观、价值观的形成时期，进行体育运动，不仅可以提高学生身体素质，增强体质，而且还可以让学生接受意志品质和思想道德规范等方面的教育。同时，体育具有群体性、国际性、礼仪性和竞技性等特点，可以向人们传递某种价值观。

此外，体育还可以激发群众的爱国热情，增强民族凝聚力，教育人们积极健康发展。人们在观看体育比赛和参与体育活动过程中也会受到社会的影响，接受社会教育。

5. 政治功能

体育和政治相互关联。体育在政治中主要有两个作用：一是在国际比赛和交流中具有重要作用，二是在群众体育中具有重要作用。国际比赛可以反映出一个国家的实力，从一个国家竞技体育水平的高低，可以看出一个国家政治、经济、文化等方面的发展情况。在竞技比赛中取得胜利可以增强人们的民族自豪感，提高国家在国际上的地位。

此外，体育还可以增进不同国家之间的文化交流，通过国际比赛连接不同国家，促进交流合作和友好往来。

6. 经济功能

经济发展为国家发展提供物质保障，体育发展也离不开经济的支持。一个国家的体育运动发展情况通常可以反映出这个国家的经济发展水平。经济发展促进体育发展，体育运动的发展又可以推动经济进步，如今，体育作为第三产业，在经济中的地位日益提升，与商品经济联系日益紧密。

体育运动主要从两方面获得经济收益：一是大型运动会，通过售卖门票，印发纪念币、邮票、体育彩票等获得收益；二是日常体育活动、利用体育设施，组织热门体育项目比赛，开展娱乐体育活动，售卖体育服装、体育设施，同时组织旅游活动，开展体育咨询等来获得经济收益。

（二）体育的类型

1. 学校体育

学校体育是在各个学校开展的有目的的体育教育活动，旨在提高学生身体素质，教授体育知识、技能等，同时也可以培养学生的意志品质。学校体育是体育的一部分，也是教育的一部分。

我国体育事业的发展离不开学校体育。学校体育教育的主要目的是锻炼学生身体、增强体质，培养学生意志品质以及终身体育的思想。学校体育由体育课、课外体育活动、体育训练和课外比赛竞技四个部分组成。

2. 竞技体育

竞技体育可以最大限度地激发人们的潜能，使人们的体格、体能、心理、运动技能等能力得到锻炼。人们为了在比赛中获得好成绩，会进行一系列科学训练和比赛，这些都属于竞技体育的一部分。

竞技体育是文化领域中的特殊部分，在体育领域中占有最高地位，也是世界体育文化的主体，在大众文化中也具有很高地位。竞技体育将人体的能力发挥到极限，观赏性和感染力较强。同时，竞技体育也可以凝聚、团结民族力量，振奋民族精神。

3. 社会体育

社会体育主要是人民群众为了锻炼身体、进行康复训练、休闲娱乐等目的而进行的体育活动，它形式多样，受众广泛。社会体育主要群体是人民群众，涉及社会生活的各个领域，包含的内容也十分多样，比如娱乐体育、休闲体育、养生体育、医疗体育等。

当今社会，人们对自身发展的重视程度不断提高，对自身知识水平和身体素质的要求也更高。身体素质主要体现在身体健康、体形、精神状态和自身气质等方面，人们会选择进行社会体育和学校体育活动来提高身体素质。

二、体育教学

"体育教学是在教育目标下的有计划、有目的的师生互动过程。"[①] 体育教学是为实现体育教学目标而计划和实施的，是让学生掌握体育知识和体育技能，以及其他教育内容的过程，包括时间和空间两个维度。与其他学科教学不同，体育教学过程既要关注个体，又要兼顾整体；既要尊重学生的个人意识，又要关注教师的教学目标。只有做到全方位、多维度地探讨体育教学过程，体育教学理论才能真正指导体育教学实践。体育教学是一种系统运行过程，是师生共同参与，由确定目标、激发动机、理解内容、进行身体反复练习、反馈调控与评价等环节组成的。

（一）体育教学的构成要素

1. 教学主体

（1）教师。教师是教学的组织者与管理者，决定体育教学的实施方法，即教什么（教材）和怎么教（传播媒介），是教学计划的制订者、教学环境的创设者、各种教学关系的协调者，并通过了解、激励、教育、指导影响学生，是教学活动的关键因素，起到主导作用。

教师作为教学系统内的重要因素，在要素结构中所占比例应大小适度。如果教师的比例过大，主体性过强，势必会限制学生独立自主学习能力的培养。教师在教学过程中具体应该占有多大的比例，应视其他构成因素情况而定。在教授新学内容、有一定危险的教学内容、低年级学生时，教师应该发挥主要作用，负有更大的责任。在复习课、提高课中，教师如果过多干涉学生的学习活动，则会影响学生个性的发展、创造力的提高以及独立解决问题能力的培养，甚至起到相反作用。

另外，随着现代教育理念的迅速发展，教师在体育教学过程中的角色也开始出现变

---

① 李梅月，孙玉芹. 从体育教学研究谈体育教学改革 [J]. 山东体育科技，2009，31（2）：64.

化，教师已经不再是传统意义上的知识拥有者、传授者，其角色已经转化为教学过程中的"指导者、协作者、帮助者、建议者"，甚至是"学习者"的角色。

（2）学生。学生是教育的对象，教材的选择、教学方法的制定均指向学生。学生又是学习的主体，如果没有学生积极、主动、自律的学习，教学活动就无法开展，"促进学生体育学习"的体育教学目标也无法实现。学生只有积极配合教师的教学活动，充分利用各种教学条件，认真学习教材内容，才有可能达到最佳的学习效果。

2. 传播媒介

传播媒介泛指教学过程中教材内容传递至学生的各种方法、形式或工具，一般包含有物质条件和方法手段两方面，具体包括讲解、示范、教具模型演示、电视技术、互联网技术、讨论、答疑、练习、游戏、比赛以及体育场地器材设施等，主要职能是传递信息。值得注意的是，教师在某种程度上也是传播媒介的一种形式，因而在教学的构成因素中具有双重身份。

当代社会是一个开放式的、高信息量的社会，教师已不仅是传统意义上的知识拥有者、传播者，随着电视、互联网技术的普及发展，人际交往的进一步深化，学生获得知识的途径越来越多，单纯依靠教师获得信息的时代已经一去不复返。

3. 体育教材

体育教材是在体育课中为实现教育目标而精选、组织的身体活动的内容体系，是学生学习过程中所要学习的对象，即学习过程中认识的客体。教材内容的选择应该内容丰富、情趣多样，教材的编排也应该新颖，具有吸引力。

体育教材涉及内容、顺序和组合等多方面因素。教材内容涉及的是"教什么"的问题，教材顺序涉及"先学什么后学什么"的问题，教材组合则是"在同一堂课中可以同时教什么"的问题。由于我国疆域辽阔，地理状况、地区间经济水平、学校物质条件等差异较大，学生的兴趣爱好、技能水平、身体素质也存有较大个体差异，教材内容、顺序、组合的选择应视地域、学生的实际情况而进行科学安排。体育教材在一定程度上决定了教师的教学思想、模式、方法，历年的课程改革总是以教材内容的改革为出发点。体育教师应该根据体育教材进行教学模式、教学方法的创新，以实现体育教育目标。

4. 教学评估

根据系统论"系统整体大于部分之和"的观点，仅仅使各个要素达到最佳并不一定能够发挥整体的最佳功能，只有在追求各要素同步发展的同时，努力促进其协同配合，优化组合结构，在实现整体目标的前提下，充分发挥其个体功能，才能获得整体最大功能，即

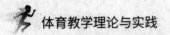

"整体大于部分之和"。

具体而言，体育教学要达到其整体的最佳功能，并不是各个要素的个体功能简单相加，所以单纯地提高各个要素的个体功能并不一定能够收到良好的教学效果，只有在充分发挥其个体功能基础上，树立整体观念，努力促进各要素协同配合，优化组合结构，才可以实现体育教学过程的高效率、高效益，保证体育教学沿着科学化的方向发展。

对此，要求学校及体育教师在教学过程中严格按照相关规章制度教学，制定健全的、科学的、统一的、明确的评估体系，判断不同阶段各要素之间相互作用的发挥情况及取得的成果，以便及时调整教学计划和教学目标，进而实现体育教学整体效率的优化。

5. 教学环境

主观能动性是人们在实践中认识客观规律，并根据客观规律自觉改造世界、推动事物发展的能力和作用。体育教学过程中的主体始终是人，即施教者教师和受教者学生，充分发挥各自的主观能动性，教师以科学评估数据为依据，赞扬学生的成绩，鼓励成绩薄弱的学生，对于教师个人素养提升、学生掌握体育知识和技能有重要的现实意义。在这个过程中，存在一个不可忽略的环节，就是教育环境对各要素作用发挥的影响。良好的教学环境，不仅可以让教师的所学得以充分发挥，提升教学质量，更能调动学生的积极性，发展学生的创造力。

（二）体育教学的过程设计

所谓体育教学的过程设计是用流程图的形式计算，简洁反映分析和设计阶段的结果，表达教学过程，直观地描述体育教学过程中教师、学生、学习内容、教学媒体等基本要素之间的关系，为体育教师提供一个有参考价值的教学设计方案。

1. 发挥教师主导作用。作为人类文明和知识的传播者，教师是影响教学成果的关键环节。现代教学环境下，教师除了要做好课前准备，把体育知识讲清楚，更要打破传统体育教学模式的桎梏，培养创新授课思维，采用不同的方式引导学生自主学习、独立思考，敢于发现问题并解决问题，由最初的"授课"模式调整到更为适应现代科学技术迅猛发展需要的"解惑"模式。

2. 学生为学习主体。学生作为学习的主体，为了更好地吸收教学成果，培养个人独立人格，必须在体育教学过程中以教师的引导作用为依托，主动学习，有效学习，把握机会实践所学，并从与教师、同学的沟通中启发智慧，对此需要教师在体育教学过程中积极引导。

3. 媒体优化。在设想如何运用体育教学媒体时，需要考虑各种媒体的优化组合。传统教学过程中，过度依靠单一化的媒体方式逐渐暴露出很大的局限性，如何使各种媒体的功能作用相辅相成，起到"1+1>2"的效果，以适应现代化教学进程，进而优化课堂质量，实现课堂的智能化、高效率，应当作为教学研究的重点。

4. 体现体育教学方法。体育教学方法是体育教师在教学过程中运用清晰、准确的语言，与学生交流信息，或以具体的动作示范，或将完整的知识要点或技能要点分解后进行讲解的方法。也包括学生在教师引导下，根据教学要点反复练习、主动学习的方法，只有兼顾两者的共同作用，并借助媒介辅助作用的体育教学方法，才能推动教学目标与成果的达成。

第二节　体育教学的原则

所谓"原则"一词，在汉语中通常是指"观察问题、处理问题的准绳"，在英语中含有指导原理、基本要求的意思。因此，在教学原理中，通常把教学原则定义为对教学的基本要求和指导原理。教学原则对整个教学过程都起着指导作用。教学原则是指导教学活动的出发点，教师要根据教学原则来设计整个教学过程。教学原则是实施教学的总调节器，在整个教学进程中，教师要以教学原则来调节、控制教学活动。教学原则是衡量教学质量的准则，教学质量的高低，从根本上来说就是教学原则贯彻得如何。因此，每个教师和教学管理者都必须掌握体育教学原则。

教学原则是规范性的，是属于主观性教学要素范畴的。教学原则是在总结教学实践经验、认识教学规律的基础上制定出来的。教学原则本身依据对教学规律的正确理解来制定。因此，我们将教学原则界定为：依据一定的教学目的，以教学规律的认识为基础，并用以指导实际教学工作的基本条文。由此可见教学原则具有规范性、时代性、理论性和多样性等性质和特点。

体育教学原则是对体育教学实践经验及规律的概括和总结，是实施体育教学最基本的要求，是保持体育教学最基本的因素，是判断体育教学质量的基本标准。

一、合理安排身体活动量原则

体育教学的特点是身体活动或称为身体运动，因此，在体育教学中要使学生身体所承受的运动负荷有效、合理，以达到锻炼身体、掌握体育技能的需求，这就是体育教学中合理安排身体活动量的原则。

合理安排身体活动量原则是依据体育教学的本质特点和体育教学的运动负荷规律提出来的。一般来讲，运动负荷就是学生做练习时身体所承受的生理负荷量，它由运动强度和运动量构成。运动强度就是单位时间内身体所承受的力量的大小，运动量就是运动的内容、数量、时间等。在体育教学中，合理地安排身体活动量，使学生都能达到适宜的生理负荷量，才能在课程中收到锻炼效果。

一堂体育课合理的身体活动量的安排是为实现课程教学目标而确定的，简单讲要根据课程目标、课程类型来安排不同的运动负荷。

体育教学过程中，参与学习锻炼的学生存在个体差异，学生的体质不同、性别不同，具体到身体形态、身体机能、身体素质也不同。因此，一定要根据不同学生的特点安排运动负荷。

运动负荷由运动强度和运动量构成，要使体育教学过程中学生的身体活动量适宜，就必须根据课程目标、教学内容、教学进度、教学设计等来调整运动负荷。调整方法无外乎调整运动强度或调整运动量两方面。一般而言，强度大、量就小，反之强度小、量就大，这是一般的体育教学运动负荷调整原则。在体育教学中一般对运动量进行调整，即调整练习的内容、练习的时间或练习的数量即可达到我们的适宜要求。

二、注重体验运动乐趣原则

注重体验运动乐趣就是在体育教学中让学生在掌握运动技能和锻炼身体的同时，体验运动带来的乐趣，使学生喜爱运动并养成运动的习惯。注重体验运动乐趣原则是依据运动中的游戏特性和体育教学中的运动情感变化规律提出的。让学生通过体育教学和运动体验到乐趣，并对此产生兴趣，是提高体育教学质量的必然要求。让学生在体育教学和运动中体验乐趣，是终身体育的要求，也是体育教学的目的。

（一）正确处理和对待运动中的乐趣

每个体育运动项目都有其特殊的固有乐趣，这些乐趣来自项目的运动特点和比赛特征，在教学过程中我们要正确处理和对待。对这些乐趣不能盲目追求，而应该从教学目标和教学手段两个层面去汲取对教学过程有用的、有积极意义和价值的乐趣。

（二）乐趣的基础是获得成功的体验

在体育教学过程中，要使学生体验成功的乐趣，就要注意在教学方法和教学内容的选择上加以掂量，使大多数学生都有机会体验成功，而不是体验挫折。

（三）处理好体验乐趣与掌握运动技能的关系

掌握运动技能、提高身体素质是体育教学的首要目标，在体育教学中不能一味追求趣味化而放松了运动技能的教学，影响教学质量。在体育教学中既要掌握运动技能，又要体验运动乐趣，使学生在体育教学中享受到体育锻炼和体育学习带来的乐趣，二者要有机地统一起来。因此，在体育教学中，应把趣味性强和教学意义强的内容作为重点；把教学意义强但趣味性差的内容，通过教师的努力，赋予其有乐趣的因子，使教学饶有兴趣。

（四）开发多种易于学生体验乐趣的教学资源

教学资源的开发与利用对学生体验运动乐趣非常重要。教学内容的调整、练习条件的变化、场地器材的改变等都能给学生带来运动乐趣的体验，这需要教师认真根据学校现有的各种条件进行挖掘与整合。

（五）体验成功不忘挫折、体验乐趣不忘磨炼

磨炼与挫折往往伴随着成功，所有的成功必须经过磨炼与挫折、失败才能得到，这是一条普遍的规律。在体育教学中我们要让学生经历这些磨炼与挫折，但要把握好一定的度，以不挫伤学生学习的积极性为限。

三、促进运动技能不断提高原则

促进学生运动技能不断提高原则是指在体育教学中要不断提高学生的运动技能，提高学生的运动成绩，实现有效的体育教学。促进运动技能不断提高原则是依据较好地掌握运动技能，有利于参与终身体育的规律和体育教学条件下运动技能形成规律提出的。不断提高学生的运动技能是体育教学最基本的要求，是判别体育教学成效和质量的标准，也是判别体育教师教学能力的标准。

（一）正确认识运动技能的提高在体育学习中的重要意义

掌握运动技能既是体育学科"授业"之本职，也是体育学科"解惑"的重要基础，

还是锻炼学生身体、发展学生运动素质以及体验运动乐趣和掌握体育锻炼方法的前提。体育教师要充分认识运动技能的提高在体育学习中的重要意义，认真搞好运动技能教学。

（二）明确运动技能学习的目的，有层次地掌握运动技能

学生掌握运动技能和提高技能水平的目标与运动员不同，主要是为了娱乐和健身。因此，体育教学中的运动技能传授要树立"健康第一"和为学生终身体育服务的思想，要围绕"较好地掌握1~2项常用的运动技能""初步掌握多项可能参与的运动技能""掌握基本作为锻炼身体方法的运动""体验一些运动项目"等不同运动技能提高的目标，有层次和分门别类地让学生掌握他们终身体育所需要的运动技能。

（三）钻研"学理"和"教法"，提高教学质量

让学生很好地掌握运动技能，就必须摸清运动掌握技能的规律，特别是在体育教学条件下的运动技能掌握规律。体育教学的时间相对有限、学生众多、教学场地和器材有限，这些条件与运动员训练和学生自由运动的条件相差甚远。因此，我们必须研究体育教学中技能提高的途径和规律，这就是"学理"研究和根据"学理规律"的教法研究，这类研究的积淀是制定科学的体育课程规范以及提高体育教学质量的前提和保证。

（四）创造提高运动技能的环境和条件

要让学生很好地掌握运动技能，还必须创造良好的技能学习条件，其中包括教师自身的运动技能水平和教学技能，也包括对场地器材的设置和教学环境的优化，还包括对学生集体运动的组织和开展学生的相互交流、相互评价等。

四、提高运动认知和传承运动文化原则

提高运动认知和传承运动文化原则是指在体育教学中通过运动知识和运动技术的学习，培养学生的运动认知能力，提高学生对运动文化的理解，传承运动文化。提高运动认知和传承运动文化原则是依据运动实践与运动认知相互促进的规律提出的。

运动认知是通过各种运动体验形成的一种特殊的认知方式，擅长运动的人在身体反应、神经传递方面等有突出的能力，反应快速、动作敏捷，这就是运动认知水平高的表现。运动认知的获得与提高不仅与人的学习、工作、生活密切相关，而且也与人的健康和幸福有密切关系。在学校教育中，不同的学科担负着不同认知能力的培养任务，体育教学

是学生获得运动认知的最重要场所。体育学科的价值就是培养和提高学生的运动认知能力，促进学生认知能力的全面发展。运动文化是人类灿烂文化的重要组成部分。对于这一前人创造的优秀文化，后人必须将其世代相传下去。因此，传承运动文化是体育学科的重要任务之一。

（一）重视体育学习中的"认知"因素，要完成"学懂"的目标

要通过体育教学，实现学生的既"会"又"懂"，"会"指的是对运动技能的掌握，"懂"指的是对运动技能原理的掌握和对运动文化特征的理解。学生对运动技能掌握原理的理解有利于他们在未来的体育锻炼实践中可以"举一反三"；而学生对运动文化特征的理解则有利于他们区别运动文化与其他文化的本质与形式，以便于更好地融入体育实践，二者都与学生的终身体育有着密切的关系。

（二）重视培养运动表象和再造想象

运动表象和再造想象是学生形成动作、掌握运动技能的基础。学生头脑中运动表象的储备越丰富，再造想象力越强，运动动作掌握得也就越迅速、越准确。由于学生对某一动作的认识在很大程度上依赖于他对那个动作所形成的表象，因此，教师在体育教学中要经常注意学生是否形成适当的运动表象，以帮助学生获得正确的认知。使学生通过教师的示范、讲解或观看录像等，经过自己的模仿练习，形成正确而清晰的运动表象的同时，通过再造想象过程，使动作得以巩固、熟练从而达到运动记忆。

（三）重视"发现式学习"和"问题解决式教学法"

在体育教学中要重视"发现式学习"和"问题解决式教学法"等学习方法，以提高学生发现问题和解决问题的能力，并不断提高学生对运动原理、运动学习方法的理解，提高体育教学的"智育"质量，并使这种理性的认识成为学生终身体育实践能力的一部分。虽然体育教学与其他认知类学科在教学过程上有很大的不同，但体育教师仍然要注意遵循学生的认知规律来考虑体育教学过程，教师要事先将运动教材中的有关原理和知识进行归纳和整理，组成"课题串"和"问题串"来构建认知性的教学。

（四）开发有利于学生认知的教学方法与手段

要提高体育教学中开发认知的任务，就必须大力开发有利于学生认知的教学方法与手段。在教学方法层面，要重视对设疑提问、问题验证、学习讨论、集体思考和集体归纳等教学方法的开发。在教学手段层面，要重视对黑板、模型、计算机课件、学习卡片等提高学生认知的教学手段的开发，从而把运动技能学习和运动认知的提高紧密地结合起来。

五、在集体活动中进行集体教育原则

在集体活动中进行集体教育原则，指在体育教学中要发挥运动集体的作用，在集体中特别是在小群体的自主性活动中对学生进行集体教育，培养学生正确的集体意识和良好的集体行为。在集体活动中进行集体教育原则是依据体育运动以集体活动形式为主，体育学习依赖体育学习集体形成的特点以及体育学习集体组成、发展和分化的规律提出的。

体育活动以竞争、协同、表现为主要特点，这些特点又都与集体活动密切相连，且许多项目与集体作用很强的小群体联系密切，有些运动的比赛就是以 5~6 人的小群体的形式出现的，如篮球为 5 人、排球为 6 人、小足球为 5 人、健美操和艺术体操为 6 人组合等。因此，体育运动与集体形成有着天然的联系。此外，体育的教学不同于教室中的教学，受场地、器材和活动范围的影响，体育的学习形式经常也是以小组的形式来进行的，这使得体育学习方式也与集体形成有着内在的关联。从体育教学目标来讲，对学生进行集体的教育既是学生社会化的要求，也是学生形成良好的集体行为参加终身体育锻炼的需要。因此，体育教学要充分发挥体育的集体教育因素，为学生未来参与社会体育打下基础。

（一）分析、研究、挖掘体育活动和体育学习中的集体要素

体育活动和体育学习中的集体要素很丰富，集体要素中的"共同的目标""团队的意识""领导核心""职责的分担""规则的建立""共同的活动"以及"共同的活动场所"都存在，而且都有充分的体现。体育教师应该加强对这些因素的关注和研究，把这些因素有目的、有意识地组织到学生的集体活动和体育学习中，这就为学生的集体意识和集体行为的培养打下了基础。

（二）善于设立"集体学习"的场景

集体教育主要依据两个前提条件，一个是"共同学习的课题"，一个是"共同学习的平台"。"共同学习的课题"就是每个学生都关心、都具有学习欲望的学习任务，它可能是一个要解答的难题，也可能是一个关键的技术和战术学习，也可能是需要毅力或智力的

练习课题，也可能是一个关系到小群体荣誉的比赛等。这样的课题的提出是凝聚学生集体意识和产生集体行为的关键因素。"共同学习的平台"就是小群体的组织构成和组织形式，但它不单是一个简单的分组，也不是几个人凑在一起的简单行为，它是建立在"共同的目标""团队的意识""领导核心""职责的分担""规则的建立""共同的活动"以及"共同的活动场所"等集体因素上的集体的实在体。"共同学习的平台"是学生集体意识和集体行为培养的载体和依托。

体育教学要贯彻在集体活动中进行集体教育原则，就必须通过教材研究挖掘那些有意义的、与运动技能教学联系紧密的"集体共同学习的课题"，还要通过教学组织方法的改进去有意识地形成各种有效的"集体共同学习的平台"，这样集体教育才可能落到实处。

（三）开发有助于集体学习的教学技术和手段

体育教学要贯彻在集体活动中进行集体教育原则，还必须有集体教育的技术和手段的支撑。现在国内外的体育教学中已经开发出有利于学生集体内、集体间交流的许多教学技术和手段，教学技术有形成团队凝聚力的方法、集体讨论的形式、在全班面前的小组报告、小组内同学之间的相互评价等，而教学手段则主要体现在组内互动的媒介——"学习卡片"的开发和运用上。这些特殊的教学技术和手段为贯彻体育教学在集体活动中进行集体教育原则提供了技术上的保证。

（四）处理好集体学习和个性发展之间的关系

体育教学既要贯彻在集体活动中进行集体教育原则，还要注意发挥学生的个性，学生的个性发展和集体教育是相辅相成的。良好个性体现应是在集体的道德共识和集体的行为规范范畴内的个体创新，而集体也应是包容了各种被允许的个人思想和行动自由的群体集合。我们决不能一谈"集体教育"就否定那些合理的个性化的思想和行为，更不能一谈"个性发展"就纵容那些有悖于集体利益的不合理思想和行为的存在，要把"集体教育"和"个性发展"有机地结合在集体的活动和学习中。

六、因材施教原则

因材施教原则是指在体育教学中要贯彻"面向全体学生"的精神，根据每一个学生的具体情况，实施各不相同的、有针对性的教育，使每一个学生的运动技能和身心健康都能在各自的基础上得到充分的发展。

因材施教原则是依据体育教学受制于学生身心发展的特点及规律提出的。学生身心发展在一定年龄阶段上虽然具有一定的稳定性和普遍性，但是由于每个学生的发展受遗传、生长环境等变因的影响，同一年龄段的学生的身心发展又表现出很大的差异性，而运动方面的差异性往往更为明显。因此，体育教学必须充分考虑这些个体的差异，坚持因材施教的原则，争取使每个学生都能得到平等的教育和充分的发展。

（一）深入细致地研究和了解学生

在体育教学中要贯彻因材施教的原则，第一件事就是了解学生的个体差异的情况，为进行因材施教的教学做好准备。充分地了解和研究学生是良好教学的基础和出发点，教师可通过问卷调查、查阅资料和询问班主任等方法对学生进行细致的了解，弄清学生在身体条件、兴趣爱好和运动技能等方面存在的个体差异，并对这些个体差异进行全面的分析，在此基础上考虑区别对待的对策。对学生的个体差异，还要用发展的观点来对待，不能用静止的眼光看待学生。

（二）正确看待和引导学生正确对待个体上的差异

在体育教学中要贯彻因材施教的原则，还必须正确看待和引导学生正确对待个体上的差异。教师自己不仅要告诉同学们不能歧视身体条件比较差的学生，也不能偏爱身体条件比较好的学生，且要告诉同学们：人在各方面存在个体差异是很正常的事情，特别是在身体和体育方面人的个体差异更加明显，同学们不要为这些差异而沮丧，也不能为这些差异而自满，大家都有自己的发展目标和努力方向。还要告诉学生用发展的观点来看待个体间的差异，引导学生要互相帮助、互相学习、互相评价等。通过这样的活动和教育使师生共同具有正确对待个体差异的认识和行为。

（三）通过各种体育教学组织形式创造因材施教的条件

在体育教学中，教师要采用多种教学的组织形式来因材施教，如采用各种类型的"等质分组"（按体能分组、按身高分组、按体重分组、按技能水平分组等）的形式来进行区别对待的教学。对身体条件和运动技能有缺陷的同学要给予热情关怀和照顾；对身体条件和运动技能都好的学生，也要为他们的进一步发展创造条件，提出更高的要求，从而保证全体学生都能有进步，使每个学生都能体验到学习和成功的乐趣。

（四）采用各种体育教学方法进行因材施教

有些体育教学的场合是不能运用"等质分组"来解决区别对待的问题的，因此还要运用各种区别对待的教学方法来因材施教，如"五分手篮球""目标跳远"等教学方法，这些方法既能让每个学生拥有自己的挑战目标，去实现自己的突破，又能与强手一起同场竞技。

（五）把因材施教与统一要求结合起来

统一要求是面向多数学生，而因材施教是面向全体学生；统一要求是客观标准，而因材施教是主观评价标准；统一要求与学籍管理有关，而因材施教与学习自觉性有关，但是无论怎样讲，统一要求和因材施教都是体育教育的目标和手段，两者不可偏废。

七、安全运动和安全教育原则

安全运动与安全教育原则是指在体育教学中要使学生安全地从事运动的同时，对学生进行如何安全运动的教育。安全运动与安全教育原则是依据以剧烈身体活动和器械上身体活动为主要内容的体育教学既是安全的难点，又是安全教育重点提出的。

体育是以角力活动、非正常体位活动、剧烈身体活动、器械上身体活动、持器械身体活动、野外活动、极限探险运动等活动构成的。因此，体育是一项与危险同在的文化活动，初学者在学习这些运动时危险的因素就更多一层。为此，体育教学既有确保安全的难点，又有进行安全教育的重点。体育教学的"安全运动和安全教育原则"可以说是一个一票否决性的要求，如果一堂体育课在安全活动上具有重大隐患，那么其他方面设计得再周到也是失败的。

（一）时刻对学生进行安全运动的教育

要在体育教学中贯彻安全运动与安全教育原则，必须有广大同学密切配合。因此，体育教师要时时刻刻地对学生进行安全运动的教育，要让每个同学都绷紧安全这根弦，组织专门时间讲解保证安全的知识和要领，教会同学们互相帮助的技能。

（二）建立与运动安全有关的安全制度和安全设备

对于一些比较危险的教学内容要制定严格的安全制度，限制那些危险部分的教学内容和教学手段；对于一些比较容易发生危险的体育设施要安装必要的保护装置和必要的警示标志，警示学生在自主性学习时要注意防范危险。

（三）在体育教学中要安排负责安全的小干部

教师还要充分利用体育委员和其他学生干部共同防范危险，确保全班同学的运动安全。

第三节 体育教学环境及其优化

环境会对社会和个体的发展产生重要影响，环境包括自然环境、社会环境等，不同的环境对人的影响各不相同。教育环境作为环境的一种，是顺利开展教育活动的重要场所，是由多种不同要素构成的复杂系统。每个学科的教学环境都与其学科特点有着密切关联。体育教学环境作为教学环境之一，是一种较为特殊的人类生存环境，对人类身心健康的发展具有一定影响，在良好的体育教学环境中，教师能够更好地开展体育教育活动，学生也能够利用体育环境的优势，提高体育学习能力。体育教学环境是一种活动空间领域，具有复杂性和多样性，需要充分考虑各种客观条件。体育学科与其他学科存在不同，上课的场所是其中之一。体育教育活动的场所一般在室外，也有少数在室内，需要学生积极参与实践活动。对于体育学科而言，各种相应的教育硬件设施也是体育教育活动的必备条件。除此之外，体育教学环境还需要一定学习氛围，需要有良好的师生关系、班风和校风等要素。

因此，体育教学环境主要包括物质层面和人文层面的环境。对于前者，体育教育需要一定场所帮助学生开展体育活动，进行身体锻炼，此外，还需要相应的体育设备器械；对于后者，主要针对人文方面的要素，教师需要积极营造良好的体育教育氛围，激发和调动学生的积极性和主动性，让学生能够自觉参与体育教育活动，教师则要科学合理地安排教学内容和时间。综上所述，体育教学环境是影响体育教育活动范围和效果的各种环境因素的总称。

一、体育教学环境的基本特性

体育教学环境在体育教育活动中具有重要意义，是体育教育活动必不可少的基础。与其他学科教学活动相比，体育教学环境对教学活动产生的影响更直接、更明显、更复杂。

体育教学环境是师生教学活动的舞台，若缺失，师生的教与学会失去依托，失去基本立足点。从表面上看，体育教学环境是影响体育教育活动的外部因素，但实际上却以特有的影响力，维持、干预着体育教育活动进程，而且系统地影响体育教育活动的效果。体育教学环境之所以在体育教育活动中发挥着巨大作用，主要是由其特性决定的。

（一）复杂性

体育教学环境有别于其他学科教学环境，影响体育教学环境的要素更多、更为复杂，主要是由于体育教育绝大多数是在室外更为开阔的空间里进行。空间的开放性决定教学环境的复杂性。体育教育不仅要受到各种硬件条件的影响，还受到地理条件、气候条件、师生关系、校园体育文化氛围等因素影响，这体现了体育教学环境的复杂性。

（二）动态性

体育教学环境是按照一定教学目标和需要，专门设计和组织起来的一种多维度、开放式、全天候的动态变化环境。这一特殊因素是经过一定的论证、选择、提炼和加工后产生的，因而，体育教学环境比其他学科的教学环境更易集中、相一致，且系统地发挥作用，对体育教育产生起着重要影响。

（三）可控性

体育教学环境能够随时随地被调控。在体育教育活动中，教师可依照不同的教学环境和教学活动需求及时调控教学环境，避免出现消极因素，让更多积极因素促进学生身心健康发展，让体育教学环境为教学活动带来更多推动力。

二、体育教学环境的类型划分

体育教学环境是一个复杂的系统，系统内部各种因素相互制约、影响，都会在体育教育过程中产生相应影响。因此，必须正确划分体育教学环境系统，才能更好地探索体育教育系统，合理优化影响体育教育的环境因素，以实现其可持续发展。体育教学环境的分类，可依照不同的分类标准进行。

（一）内环境与外环境

根据对体育教育影响方式的不同，体育教学环境可分为内环境和外环境。

内环境是对体育教育主体产生直接作用的环境因素，如教学内容（教材）、教师与学生、场地器材等，这些因素都是制约体育教育发展的内在因素。外环境是对体育教育主体产生间接影响的各种因素，这些因素是体育教育发展的外部条件。外环境涉及的范围较广泛，如地理自然条件、天气气候、社会体育氛围等。

外环境对内环境具有一定影响作用；反之，内环境对外环境也具有一定影响作用。

（二）宏观、中观与微观环境

按照体育教育空间范围大小，可分为宏观、中观和微观体育教学环境。

宏观体育教学环境是指在体育教育活动操作过程中，主、客体所处范围空间对体育教育活动产生影响的环境因素。这里所说的体育教育活动范围空间，可以是整个国家、省、地区或学校教育所在地等。一般情况下，宏观体育教学环境多指全国的体育教学环境或整个社会体育教学环境。

中观体育教学环境是指在体育教育运作过程中，主、客体所处范围相对较大的空间内对体育教育产生影响的各种环境因素。中观体育教学环境较宏观教学环境的空间范围小，但比微观体育教学环境的空间分布大。一般情况下，中观体育教学环境多指某个教学单位内的体育教学环境。

微观体育教学环境是指体育教育过程中，主、客体范围相对较小的空间内，对体育教育产生影响的各种因素的总和。微观体育教学环境是相对于宏观、中观体育教学环境而言。这里，微观体育教学环境多指班级课堂的体育教学环境。

（三）显性环境与隐性环境

按照体育教学环境的表现方式，体育教学环境可以分为显性与隐性体育教学环境两种。

显性体育教学环境主要是以物质形态呈现的环境要素，指看得见、摸得着的，在体育教育过程中出现的场地、器材、设备、运动项目、自然和社会中用于教学的实物等。

隐性体育环境主要指精神和意识层面、看不见也摸不着的环境。虽然，隐性体育环境隐含在体育教育过程中，但是对体育教育产生重要影响作用，甚至直接影响体育教育效果。如师生之间的关系、班级学习氛围、校园体育文化气氛等，都会对体育教育产生潜移默化的作用。

（四）自然环境与社会环境

按照存在形态，可以将体育教学环境分为自然环境与社会环境。

体育教育自然环境指与教学主体相互联系、相互制约、相互作用的一切自然条件，如高山、河流、草地、树木、阳光、空气等。这里所说的自然环境，并不是广阔无垠的自然界，而是指与体育教育产生相关性的自然环境，如阳光、空气等对体育教育的内容、范围和效果产生直接影响。

社会环境指与体育教育主体相互联系、相互制约、相互作用的一切社会条件、社会现象、经济条件和人文条件。例如，体育教育过程中需要遵循的政策法规以及对体育教育过程产生影响的社会体育氛围等。

（五）硬环境与软环境

按照性质分，可将体育教学环境分为硬环境与软环境。

硬环境又称物质环境，指对体育教育过程发展产生影响的物质要素的总和。硬环境包括三大要素：①体育实物性要素，如体育场馆、体育设施、体育器材等；②体育组织性要素，如班级、俱乐部、兴趣小组、体育社团等；③体育可物化要素，如体育教育经费等。

软环境，指对体育教育过程发展产生影响的精神要素的综合。软环境包括人文环境、制度环境、政策环境等，同样包括三大要素：①制度文化要素，如体育教育要遵循的基本文件（以前的教学大纲，现在的新课标）；②思想观念要素，如教师的专业素养、学生对体育的价值认识等；③心理要素，如师生关系、人际交往方式等。

综上所述，根据分类标准的不同，可以将体育教学环境分为不同种类。在这些分类中，种类与种类间并没有明显界限，某一种分类内容可能包含另一种分类内容，这些内容对体育教学环境的分类整理，对促使体育教育科学化、系统化具有重要意义。

三、体育教学环境的管理分析

体育教学环境绝大多数是人工环境，涉及人工环境必然会牵涉到人工投入与产出之间的问题。如何达到投入与产出最优化，则需要涉及体育教学环境的管理。

（一）体育教学环境管理的特征

1. 双重性

体育教学环境管理的双重性，指体育教学环境管理的自然属性和社会属性。双重性是从一般管理的特点引申而来。体育教学环境管理的自然属性指具有严格的科学性，要求体育教学环境管理过程中必须严格遵循体育教学环境作用的客观规律。鉴于体育教育管理客体的多质性，还必须借鉴其他学科的管理理论、方法与经验。体育教学环境管理的社会属性，首先指与社会制度、社会经济、社会文化、科学技术等方面紧密联系，具有一定社会属性；其次，体育教育是一种特殊的人类教学活动，这种教学活动的存在与发展，和社会发展紧密相连。

2. 多质性

体育教学环境管理的多质性是指管理对象的多质性。这是因为：首先，构成体育教学环境的因素有很多，而这些因素中，各因素间的性质各不相同；其次，体育教学环境管理属于多层异质管理，体育教学环境管理主体和客体都不是唯一的，体育教学环境管理的主、客体之间的关系和管理的任务及方法各不相同。

3. 综合性

体育教学环境本身包含了多种要素，因此体育教学环境管理是一个包含多种管理要素，各要素之间相互制约的多结构、多层次的复杂过程。体育教学环境管理的综合性决定体育教学环境管理在理论形态上，既属于体育教育论，也属于管理学范畴。现代兴起的控制论、信息论以及系统论等观点，对体育教学环境管理具有重要的指导意义。

（二）体育教学环境管理的职能

一般来说，体育教学环境管理的职能具体有计划、组织、指挥、控制与协调。

1. 计划职能

计划指工作或行动前预先拟定的具体内容和步骤。计划职能是通过周密的调查研究预测未来，确立目标和方针，制订和选择行动方案，综合平衡，做出决策。计划内容反映出管理目标的各项指标，又规定着实现目标的方法、手段和途径。计划的主体是人，是人完成任务、进行各项活动的依据。

在体育教育中如何实现体育教学环境管理的计划职能，主要表现在三方面：①教师根据教学单位、职能部门的相关政策、法规以及整体发展步骤，确立一个切实可行的目标，然后根据目标相互协调、配合，将近期目标与长期目标结合起来；②根据系统目标，处理整体发展与局部改造之间的关系，在整体上实现横向与纵向统筹兼顾；③教师根据教学目标的具体要求，预先合理利用环境为体育教育所用，并且做到对体育教学环境的管理与利用切实可行。

2. 组织职能

组织职能是把管理要素按教学目标的要求结合成一个整体，使之为体育教育服务。实现体育教学环境管理中的组织职能，依赖于两方面：其一，在宏观上，根据管理目标，合理设置机构，建立管理体制，确定各个管理职能的具体职责，合理选择和配备管理人员，建立系统有效的管理；其二，在体育教育目标统领下，根据每个时期体育教育目标的要求，合理组织人力、物力、财力，保证整个体育教学环境为体育教育服务，以获得最佳的体育教育效果。

3. 指挥职能

指挥指的是法令调度。指挥职能是运用体育教学环境功能，按照教学目标要求，把各方面的任务统领起来，形成体育教育的有效整体。体育教学环境是根据教学目标设置运用的各种因素的结合。这种结合不是随意地结合，也不是杂乱无章地结合，而是根据教学目标进行设置，也就是要为教学目标服务；反之，对体育教育有指挥、调控的职能。体育教育不能脱离体育教学环境，而是应该根据体育教学环境，为体育教育目标服务。

4. 控制职能

体育教学环境管理中的控制职能，指监督和检查体育教育情况，及时发现问题，采取干预措施，纠正偏差，以保证顺利实现体育教育目标。体育教育目标依赖于体育教学环境，而实现体育教育目标的环境在整个体育教学环境中是有限的，一旦超出体育教学环境，体育教育目标将扩大、延伸，这种扩大、延伸的体育教育目标与预先制定的体育教育目标相背。因此，需要根据体育教学环境的本身功能，为体育教育目标服务。一旦发现问题，及时采取有效措施进行纠正。

5. 协调职能

体育教学环境管理还具有协调职能，是体育教学环境管理过程中带有综合性和整体性的一种职能。目的在于保持体育教学环境本身所具备的功能与优势，以确保完成体育教育目标。体育教学环境的管理是一个系统的工程，其中涉及许多相关职能部门，各部门相互协调好各种关系，才能创造出合理、优化的体育教学环境。

体育教学环境管理中的协调职能还指在具体的体育教育目标实现中，体育教学环境是实现体育教育目标的依托，是体育教育目标实现不可或缺的因素。在实现体育教育目标过程中，体育教学环境管理是协同教学、协调学生共同完成具体的体育教育目标。

四、体育教学环境的设计原则

体育教育的空间和取得的效果，都会受到体育教学环境的影响。因此，在体育教育论中，如何让体育教学环境因素帮助体育实现教学，是一个值得研究的课题。体育教学环境的设计是营造良好学习氛围的重要基础，教学环境不仅要结合体育学科的特点进行科学设计，也需要考虑学生的心理和个性因素。因此，教学环境设计的原则主要有以下方面：

1. 教育化原则。教学环境的设计是为了给学生提供良好的学习环境，提高教学质量，因此教学环境设计必须遵循教育化原则。学校是教学的主要场所，也是教学环境设计的对象，教学环境是有限的，因此，在设计教学环境过程中，要合理规划，合理地利用起学校的每个角落，使其成为教育场所，让学生在学校的各个角落都能够感受到学习氛围。同时，教学环境能够在潜移默化中发挥一定教育功能，也会影响课堂的教学气氛。因此，良好的教学环境会激发学生学习的热情。

2. 自然化原则。教学环境除了需要考虑教学功能以外，还要考虑学生的心理活动和个性特征。在当代，学生对大自然的了解，大部分局限于书本知识，为了让学生更加贴近大自然，教学环境在设计时需要融入自然景观元素，让学生能够在学习之余感受大自然，学会爱护大自然，也有利于学生的身体和心理健康。

3. 整体化与协调化原则。教学环境对教学效果有重要影响。不同的教学环境对学生学习的积极性有不同影响，设计教学环境需要充分考虑教学活动所涉及的各方面，对此需要遵循整体化和协调化原则，要有全局性的观念。在教学环境设计中，学校和教师是决策的主体，学校领导和教师要从教学的各方面进行分析和规划，考虑各种影响因素，使各个因素能够相互协调，共同构成良好的教学环境。

影响教学环境设计的因素，有人为的，也有非人为的；有的是无形，有的是有形；有主观，也有客观。为了科学合理地设计教学环境，学校的领导和教师需要做到全面调控，从学生的生活、学习等方面分析，如与学生之间和师生之间的人际关系、学习环境、教室构造、班风和校风等，在教学环境设计过程中整体考虑这些因素，并进行合理设计，只有当这些因素协调一致时，教学环境才能发挥积极作用。

4. 人性化原则。教学环境设计的目的是让学生有一个良好的学习环境，因此需要从学生的角度考虑，遵循人性化原则，满足学生要求，打造让学生感到舒适的教学环境。

5. 社区化原则。校园是一个大的集体，是学生学习和生活的主要场所，是社区系统的重要部分，因此学校与社区环境密切相关，社区的发展也会对教学环境产生一定影响。学校教育与社区环境的脱离，不利于双方发展，学校教学设施不能孤立于周围的社区环境，学校服务的对象也不仅是在校学生，而应该是社区中的所有公民。因此，学校与社区要相互配合，共享资源，学校为社区提供一定服务，教学环境的设计需要考虑当地的社区环境，而社区需要为学生提供相应的帮助，社区环境的营造也需要考虑教育功能。因此，学校与社区之间应加强联系与互动，共同发展。

五、体育教学环境的优化路径

（一）自然环境

1. 自然环境对体育教育产生的影响。空气、阳光、高山、海洋、树木、花朵、雨雪等都属于自然环境，体育教育活动会受到这些因素带来的影响。室内体育教育要保证空气流通。如果运动所处的环境炎热且空气流通不畅，则会出现疲劳感加重、心率加快、呼吸加快和耐力差等现象，导致学生失去学习兴趣，将对体育教育产生负面影响。

2. 改善自然环境，使其为体育教育所用。通常情况下，自然环境会由于所处的不同地区而产生差异性，学校所处的自然环境不同，优势和特点也不相同，学校可将这些优势作用发挥到最大，以弥补和减少自然环境中的缺陷，从而改变体育教学环境。例如，北方冬季冰雪较大，体育教育可以选择冰上或雪上运动；山区学校没有较大的平地面积，可以选择越野或登山运动；学校靠近海边或湖边，体育运动可以增加水上项目。

要致力于改善体育教育的自然环境，增加室内场馆和风雨操场，减少体育教育在高温和风雨下产生的影响。同时，注意保护体育场地所处的环境，尽可能多地栽种树木和铺设草地，绿色植物在改善体育场的空气质量、吸收有害物质的同时，还可以遮挡住炙热的阳光，在一定程度上减少噪声污染，当教师和学生处在这样的自然环境中时，会心生愉悦，感到心旷神怡。

体育教育所选的内容和方法并非一成不变，教师可依照不同的自然环境灵活挑选。例如，在寒冷的冬季，教师可相应降低运动难度，灵活选择运动方式。对此，要始终坚持以学生为中心，不追求在极端环境中进行体育锻炼，让学生从心里爱上体育锻炼，并始终在学习过程中保持愉悦的心情。

（二）人文环境

在体育教育中，人文环境的构成包括体育教育过程中人的方方面面。下面着重讨论体育教育人文环境的两方面：一是体育教育组织环境，二是体育教育心理环境。

1. 体育教育组织环境

（1）组织环境的构成。此处组织环境指教风、校风、学风、班风等，对体育教育活动有着重要的指导意义。具体来说，是将学校看作一个完整的社会组织群体，学校内部的系部和班级是次级群体，学校由不同的组织构成，任何群体都可以将自己独特的心理活动和思想面貌展现于活动中。构成体育组织环境的要素之一是班级规模，不仅对学生的体育情感和学习动机产生影响，也会对学生学业成绩和体育教育活动产生影响。

校风是一种有代表性的思想行为作风，全校师生都需要熟知并牢记，它起到的激励作用是内在的、隐性的。校风是学校内部产生的一种社会风气，属于集体性行为。校风属于环境因素，但不是有形的，可以在不知不觉间对体育教育活动产生一定影响。

成员在班级内部经过长时间交往所产生的相同心理倾向就是班风。班风是情感的共鸣，在形成后，学生会以班级目标为己任，将自己的目标与班级目标和统一，并为之努力。校风是班风的基础，勤奋刻苦、热爱劳动、热爱班级、尊师爱友、遵守纪律、团结同学和讲究卫生等都是良好的班风。

学校的体育教风既可以影响学生的体育能力，也可以影响学生的体育意识。感化、陶冶、促进、暗示和启发等育人机制，可以让教风在不知不觉中促进学生体育意识和能力的进步。

集体舆论可在积极乐观的学风下，向更好的方面发展，学生的情感、行为和认识也会受到鼓励、陶冶和感染，但集体中的成员会在不健康的风气下精神散漫，失去对体育学习的积极性，导致教学失去应有效果，对课后锻炼产生懒惰心理，不会主动参与学校组织的任何活动。

（2）体育组织环境的创设。灵活编排组合队形模式。在课堂活动中，教师和学生会受到队列编排的影响。以信息交流为例，在体育教育中，队形的编排不仅会对信息交流的范围产生影响，也会影响交流的方式。室外课，体育基本采用横排队形，教师直接面对学生，此种单向信息传递模式有利于教师将信息传递给学生。双向信息传递模式是单向信息传递模式的进阶版，虽然让信息在师生之间得到良好传递，但是却让信息在学生之间的交流受到阻碍，不利于学生交往。

若学校内的整体气氛是温暖、积极、文明、向上的，有利于对学生个人成长，让学生养成积极向上、勤勉好学的习惯，这样的校风无论是对学生的成绩，还是对性格塑造，都有积极意义。良好的体育校风除了促进师生勤勉外，还有助于改变师生思想意识，使学生养成自主锻炼的体育意识，并形成良好的体育习惯。

2. 体育教育心理环境

高校体育教育是否成功，除了体育教师的资历、学生自身的身体素质等客观因素外，心理环境也是影响教学成功的一大因素。基于此，通过对校园体育文化、氛围、师生关系等方面，阐述心理环境对高校体育教育的深远影响。

（1）高校体育文化。文化起源于社会文明的发展和人类自身经济水平的提升，是民族文明的象征，校园体育文化也是如此。文化冲击是把双刃剑，有积极、健康的影响，也有负面影响，学生受到负面文化的侵蚀后，会出现消极颓废、无所事事、散漫懒惰的思想情绪。此外，高校的体育教育中也存在一些不利因素，比如过度强调自我发展，忽视集体主义。为此，要改善现有的文化环境，高校的高层管理人员和体育教师必须做好模范带头作用，为学生树立正确的思想意识，并引导、启发学生，摒弃不良思想，学习先进的思想文化。校园体育文化是一个大融合的开放系统，同时接受校园文化和社会文化。学校在体育教育中，应向学生灌输正确的体育思想意识，扩展学生的体育视野，为良好的体育文化氛围奠定基础。

（2）课堂气氛。体育课程气氛又称为心理气氛，主要是学生在课堂上的情绪反馈。课堂气氛由师生之间互动产生，包括很多因素，比如人为因素（师生关系）、物理因素（课堂环境）、心理因素（学生上课的情绪波动）等，课堂气氛是以上诸多因素共同作用的结果。因此，要营造一个良好的课堂气氛，需要教师和学生共同努力。高校体育教育中，教师是主导因素，把控学生的学习进度和知识获取量，对带动课堂气氛至关重要。教师在课堂教学中，首先，要为学生营造一种良好的学习氛围，积极调动学生的主观能动性，站在学生的角度思考问题，鼓励学生提出异议；针对学生的反馈情况，及时调整教学计划。课堂中自由讨论环节，要充分尊重学生，重视学生集体讨论的结果，为学生营造一种良好的教学氛围。其次，体育教育是一个灵活的课程教学活动，教师在课堂上多活跃，学生就会报以多大的热情反馈。最后，体育教师要有稳定的情绪或者能控制自己的情绪，是营造课堂气氛的重要前提。保加利亚心理学家洛扎诺夫认为，学生会因为教师自身的威信而信任、崇拜、尊敬，一旦从心里接受，学生会不自觉地簇拥教师，上课时也会更加积极主动。

（3）人际关系。高校体育教育中的人际关系，除了师生关系之外，还有教师之间、学生之间的人际关系。错综复杂的人际关系交织在一起，构成体育教育的人际环境。由于人际环境的存在，不仅对学生产生情绪波动，也会给教师造成影响，进而影响体育教育的整体成果。因此，体育教育中，要处理好不同的人际关系，才能塑造一个良好的课堂氛围，保障教学质量。

（三）场地设施环境

体育教育活动要依靠相关的设施才能更好地展开，体育教学环境包含体育教育设施因素，教室、体育场馆、运动器材和操场等都属于体育教育设施，这些设施在一定程度上影响体育教育，而体育教学环境也必须包括体育教育设施。体育教育活动选择的内容和达到的水平都会受到教学设施的影响，教师和学生也会对教学设施的外观和特征产生不同感觉。例如，体育场馆的灯光、造型、颜色和布置等，都会在一定程度上影响教学的质量和成果。

1. 合理布置体育场地和器材。体育教育设施的合理配置既会促进学生身体和心理的发展，也有利于教学，会对体育教育产生推动作用，让学生从生理和心理上易于接受，从而提高学生锻炼的兴趣，增强体质，让学生逐渐向终身体育锻炼靠拢。例如，场地器材的陈设是学生在体育课上最先看到的，如果场地整洁干净、设备齐全、环境优美有序、场地线条清楚不杂乱，会让学生迫不及待地尝试运动器材，提升学生学习的积极性；如果场地杂乱无章、各种设施不够整洁，会让学生从心理上产生抗拒，失去锻炼的兴趣。除此之外，体育器材在长时间使用后会有不同程度的老化或磨损，还会有螺丝松动等情况出现，这些都是潜在的安全隐患。还有些运动场地不注意维护，出现地面不平整的现象，学生在运动过程中很容易出现肌肉韧带拉伤等情况。因此，学校要优化和完善场地和器材，定期检查和保养设备，教师也应在课前认真检查相关的体育器材，做到有备无患，保证学生的安全。

2. 充分完善体育场地设施环境的照明、采光以及声音等条件。不仅要充分完善场地条件，还要考虑到采光、照明和声音等场地设施条件。室内场馆在很多时候是体育课的主场地，理论课程基本都选择在室内。因此，体育教育活动也会受到教室内部和场馆内部采光等因素影响。如果光线昏暗，学生无法看清黑板上的板书和书上的文字，会直接影响知识的学习，也会对排球、乒乓球等球类运动的路线识别不清。如果光线过于强烈，会造成球台反光现象，使学生在视觉上产生强烈刺激，无法达到应有的教学效果。

此外，安静的环境更有利于展开体育教育活动。特别要注意防止噪声带来的干扰，噪声环境会导致教学效果大打折扣，学生在充满噪声的环境中也无法集中注意力，产生疲劳，失去稳定的情绪。体育课在大多数情况下都是室外课，噪声并不能完全被隔离，对此学校应该将体育教学环境变得更好，让教学尽可能不受噪声干扰。

3. 创设体育场地设施的色调环境。在体育教育活动中，周围环境的色调也会带来影响。通常情况下，心理和情感会受到各种色彩影响，大脑看见红色和深黄色时容易感到兴奋，看见浅绿色和浅蓝色时感到和谐，可以放松大脑。相比于冷色，暖色在体育教育活动中更容易让运动者感到兴奋。例如，双杠运动，掉漆或本色的双杠明显没有浅色漆或木纹漆的双杠受欢迎。体育设施的颜色与学生衣服的颜色，也会在一定程度上影响教学效果。

第四节 体育教学中的德育管理

一、体育教学中德育管理的意义

学校开展体育德育活动需要教育者、受教育者，以及学校管理者的共同参与。学校管理者的参与，是为了更好地对学生的德育活动进行有效管理，更好地契合德育活动和德育教育，更好地实现德育教育的目的，从整体上提高学校德育质量。

（一）有利于协调学校、家庭和社会之间的关系

体育教学中进行德育管理有利于协调学校、家庭和社会之间的关系。影响德育管理效果的因素有很多，学校德育往往受到上至社会下至邻里、家庭等诸多因素影响。这也要求学校管理者必须着眼于社会的要求，立足学校的实际，兼顾家庭的影响进行德育管理，这样才能够达到理想效果。在具体的操作中，德育往往受三大因素的影响：家庭、校园、社会。其中校园因素在绝大多数时候都是主要因素。作为德育管理的"主战场"，校园必须要协调好与其他外部因素的关系，争取使社会、校园、家庭携手共进，达成一致，以合力推进德育管理，达到1+1+1>3的效果。

（二）有利于协调学校内各部门与组织间的关系

体育教学中进行德育管理有利于协调学校内部各部门、组织之间的关系。学校对体育

德育的管理，是宏观地协调学校各部门组织之间的关系。因为学校开展德育活动需要学校内部各部门组织之间的协调配合，比如，党组织、学校工会、教务处、教导处、行政部门、后勤处、总务处、班主任、教师、学生会、共青团等。通过各部门积极配合，对与德育活动开展有关的学校内外的人力、物力、财力等教学资源进行充分利用和合理分配，辅助开展德育教学活动。学校通过宏观调控部门组织之间的协调关系，避免不必要的关系冲突，从而合理运用学校资源，顺利开展德育教育，有效地提升德育质量和效率。

（三）有利于协调学校体育德育各要素间的关系

体育教学中进行德育管理有利于协调学校体育德育过程内部各要素之间的关系。要真正使德育教育成果落在实处，须依赖各方配合。德育对象应是学生群体，包括个人，但不只有个人，体育德育是以个人为对象的群体教育行为。需要注意的是，学生群体本身的复杂性也会对体育德育活动产生重要影响。此外，教师群体本身也颇具复杂性。因此，以复杂的群体构成为对象，同时还要兼顾个体的德育活动，必然也应是复杂的综合性活动。为了使德育活动真正得到实效，就必须区分这些群体中的各个要素，并科学合理地安排每一个要素，以使其协调配合，共同推进德育活动的开展。

二、体育教学中德育管理的模式

综观历史和现实，体育德育管理有三种基本类型或模式，它们在出现的时间上有先有后，但各自都有其优点和缺点，并都在发展之中。

（一）行政型管理模式

行政型管理模式，就是将德育放于行政管理模式下进行。这一模式最大的特征就是采用威权强制推行体育德育教育。教育者和被教育者是上下级的关系，等级森严，各级言谈举止有其规定范式，不得逾越。下级对上级的任何指示原则上都要无条件执行，下级几乎没有自主行动的权力。这种模式的优缺点都比较明显，最大的优点是高效，上级关于德育的意志几乎可以毫不费力地瞬间在整个集体中推行下去。但缺点也同样明显，首先，领导人员的专业性几乎决定了整个集体德育教育的成败；其次，下级完全丧失了机动性，容易一刀切地面对不同情况，从而造成南辕北辙的负面效果。

（二）经验型管理模式

经验型管理模式在体育德育教育出现之初便存在了。与行政型不同的是，经验型的体育德育教育模式主要依赖于学校领导的经验。这种经验来源于他们的人生经历，或来源于他们的知识，可以肯定的是他们的经验一定带有主观色彩与个人色彩。从某种程度上来说，他们的经验也都相对固定，因而这种模式下的体育德育管理模式虽然是以主观的经验为基准，但也仍然能够呈现出相当稳固的运行模式。领导经验的适宜与否也将长久影响其治下单位的德育管理效果的好坏。现代社会的发展已经迈入全新阶段，故对经验型管理者也提出了更高的要求。现代的经验型管理者必须兼具科学素养、人文素养、大局意识，必须对德育教育发展的方向有清晰而准确的预判，对推动体育德育教育发展的工作人员要给予足够的重视，对在体育德育教育中的各种突发情况要有足够的处理能力。

经验型管理的优势就在于管理者本身经验的可靠性。然而，缺点也非常明显，任何人的经验都是基于特定的时间地点体验的综合体，因此都不可避免地带有这样或那样的局限。要突破这种局限，就必须懂得具体问题具体分析。

（三）科学型管理模式

19 世纪末 20 世纪初，诞生了一种新型管理模式即科学型学校体育德育管理模式。科学型学校德育管理模式，利用科学理论对学校管理对象进行调查、测量、实验、统计、分析，并有效地分析管理过程的影响因素，从而发现管理对象和管理过程间的关联，以关联作为依据，运用科学的管理方式进行决策管理。

综上所述，行政型、经验型、科学型学校体育德育管理模式都具有各自的优势和不足，应该在学校实际的管理过程中，具体分析实际情况，结合各个管理模式的优势开展学校管理工作。

三、体育教学中德育管理的原则

体育德育管理原则是指导学校德育管理工作的基本要求，也是德育管理经验的科学总结和概括。

（一）教育性原则

所谓教育性原则，就是指将德育管理放置于教育体系之下，将德育管理以教育的模式在学校中推进，尽可能地扩大德育管理的教育成果。事实上，校园中的体育德育管理已经呈现了与教育过程紧密相关的现实情况。在相当多的层面，校园中的德育管理都体现出了校园教育特色。例如，校园德育管理会不断接到反馈，进而进行修正、实行，再接受反馈，如此周而复始，螺旋上升。这种模式和教师不断改进自己的教学方式的模式如出一辙，都非常科学。此外，就像学校的教育是基于明确目标循序渐进推进一样，校园德育管理也大体会遵循这一途径。贯彻教育性原则，需要做到以下四点要求：

第一，学校体育德育管理本身也具有德育作用，应充分发挥该作用的有效性。体育德育管理的方式、目标、管理人员的行为都具有德育教育作用，因此学校在进行德育管理时，应该遵守：①管理的推进应该符合德育目标，管理应该以培养学生优秀品德、促进德育质量和效果为前提；②管理者要明确管理的意义，从意识和行为上积极配合德育管理；③管理应该使用正确的管理方式、方法，防止管理变成形式主义和制约学生的手段，管理者应该端正自己的思想态度，注意自己的言行，以自身为引导和榜样开展学校德育管理。

第二，管理应将规章制度和说理疏导结合起来。规章制度是指通过规范管理目标、制订管理计划、规范行为准则、规范检查等方式，宏观把控德育教育的开展过程；说理疏导是指通过教育、谈话、讲座等方式，使教师和学生明确管理的目的、管理的意义，使教师和学生从意识上明确管理的必要性，从而在行动上积极配合德育管理。将规章制度和说理疏导结合，既从意识上保证教师和学生理解德育管理，又从规章制度上约束了教师和学生的行为。

第三，教育应该自始至终贯穿于学校体育德育管理过程。管理的目的是辅助德育教育，所以管理的每一环节、每一要求都应该是为了教育而设立，管理计划、管理方式、管理实施都应该具有教育性。

第四，适当运用奖惩机制，有效发挥奖惩机制的作用。具体做法为：首先，需要明确奖惩是管理的一种手段而不是目的；其次，奖惩机制应该以奖励为主、惩罚为辅，积极发挥嘉奖的激励作用；最后，奖惩机制中，奖惩手段应该以精神方式为主、物质方式为辅。

（二）方向性原则

方向性指的是与党的方向保持一致。现阶段人类社会仍处于阶级社会中，德育教育也不例外。社会主义国家的德育教育毫无疑问应为社会主义建设而服务。要实现这一目标，必须坚持三点：一是坚持党管德育，这是保证我国德育教育发展方向的根本遵循；二是坚持马克思主义的指导地位，尽管德育教育内容复杂，但归根结底德育教育是对人进行教育、管理，必须在德育管理过程中坚持马克思主义指导思想，让马克思主义理论成为德育思想的根本底色；三是坚持与党的步伐保持一致，既要保证党的领导，还要听党话跟党走，不断修正自己的前进方向。

（三）整体性原则

整体性就是把学校体育德育教育当作一个整体，看成一个系统，将学校体育德育教育的各个要素，按照一定标准分类组合，建立联系，形成一个系统，从整体上处理系统的各种联系和矛盾。事物的存在都是对立统一、相互联系的。学校德育系统也不例外，德育的各个因素之间，也是对立统一、普遍联系的。所以，对德育有关的因素以及德育自身和外部之间的联系、矛盾，都应该从整体上联系解决，遵循整体性原则。贯彻整体性原则，需要遵循以下四点：

第一，将学校体育德育看成一个整体，结合社会对学校德育整体的影响，有效处理学校德育教育和社会之间的联系和矛盾。学校德育存在于社会环境的发展和变化中，德育及其管理会受到社会的变化影响。与此同时，学校德育和管理应该及时根据社会变化调整德育发展目标、发展要求、教育方法、内容和方式。除此之外，还要控制对德育造成不良影响的社会因素，更重要的是，应该培养学生良好品德来改变社会不良风气，带动社会风气良好发展。

第二，具备全局意识。将学校视为一个整体，将德育教育视为推动学校教育全局发展的重要一环，从大局出发，立足全局，正确处理管理过程中出现的各种问题。要做到这一点，不但要对大目标有清晰完整的认识，还要立足学校实际。此外，还应具备一定的方式方法，围绕总体目标的实现互相合作，求同存异，坚决制止互相推诿、踢皮球现象的出现。

第三，学校体育德育工作需要整体统一指挥，各部门分工合作。首先，德育活动需要管理者具有整体思维，全方位地衡量德育活动，合理有效地组织分配工作。其次，学校需要建设有力的行政指挥体系，发挥整体指导作用，把整体德育工作合理有效地分配给各个部门。此外，各个部门要有较强的执行能力，对学校管理者分配的任务，努力贯彻执行，发挥组织部门的能动性。最后，各部门需要协调合作，共同完成德育目标，同时还要检查自己的工作，严格要求自身，与其他部门密切合作，整体提高德育的工作质量和效率。

第四，正确安排影响体育德育管理发展的各要素。校园无异于一个小社会，其中的人事、财务、设施、氛围，每个因素都会对德育管理形成影响。这就需要管理者对这些因素进行统筹安排，同时兼顾不同员工、不同学生实际需要的内在诉求，积极协调，使整个校园劲往一处使，齐心协力为实现德育管理的目标努力。特别是当校园资源有限时，更要尽力做好平衡，使有限的资源发挥最大效果。

（四）民主性原则

民主性原则是指在体育德育教育过程中管理者应该把被管理者当作主人，发挥民主性，与被管理者共同开展学校德育管理工作。我国始终坚持民主集中制和党的群众路线工作作风，这同样也适用于学校德育管理。在学校德育管理过程中，管理者应该明确自己是为师生服务的公仆，而不是主宰，切忌管理者将自己当成主宰者，应该以贯彻民主性为基础，和师生共同开展德育活动，相互促进，激发彼此的能动性，通过管理促进完成体育德育教育。贯彻民主性原则，应该做到以下四点：

第一，发扬民主精神，以群众为依托，结合群众意见，开展体育德育管理工作。体育德育工作开展过程中，管理者要积极了解群众意见，听取群众建议，整理分析后合理采用群众建议，依托群众改进、完善德育管理。

第二，学校体育德育管理可以吸收学生家长和社会力量。学校德育的建设离不开家庭和社会的影响，学校德育管理可以动员家长和社会共同参与。

第三，学校体育德育管理应该给师生创造参与条件，师生不仅是学校管理的管理对象，也是管理的支配者。学校德育的开展需要师生和管理者共同参与，所以学校德育管理应该给师生创造参与条件。

第四，体育德育管理可以积极动员学生力量，组建学生组织，实现学生之间的自我教育管理。学校学生数量过于庞大，管理人员数量相对少之又少，如果想实现全面管理，必须动员学生力量，在符合管理规定的基础上，发展、建立、完善学生组织，比如学生会、共青团等学生组织。通过学生组织的建立，对全校的学生开展活动教育、思想教育，实现学生之间的自主管理，让学生成为管理的主要力量。

（五）规范性原则

规范性就是要求在体育德育管理中做到照章办事。当章程或规则形成后，管理者及被管理者都要遵循既有的规定，不能逾矩。而规则本身也要体现出科学化、人性化的特征，使其能够被广泛接受而不引起普遍的反感。要做到这一点，必须要遵循以下要求：

第一，建立完善而合理的制度。若想要照章办事，那么最基本的就是先确定章程，然后才有按照章程推进管理的可能。好的章程应当科学、公正、有人情味。当然，章程的确定除了要遵循一定的原则以外，还要遵循党和国家相关的方针和政策，遵循社会普遍形成的良好规范，遵循公序良俗，并因地制宜，积极探索适宜本校发展情况的章程。

第二，构建尊重规则的校园氛围。管理者应看到校园氛围对遵守规范的重要影响。校风是在长期的实践中逐步建立起来的，是浸润全校的风气。身处校园中的每个人都深受校风影响。因此，德育管理者应当充分认识到校风对校园行为和观点的深刻影响，充分发挥自身在校园氛围营造、校园风气形成过程中的重要作用，帮助校园形成有助于德育管理的校园风气，进而促使校园中的人自觉遵守规则，维护规则。

第三，坚持行为导向原则。必须从规范全校人员行为入手，进行规范化教育。只有使全校师生都形成遵循规范的良好行为习惯，制度才能深入到校园的每个角落。当然，规范的制定也有章可循，不同的群体有不同的遵循主体。比如教师群体，其规范主要依托于国家现有的法律法规以及国家和社会对教师的道德要求。而学生群体要遵循的规范就相对单一，主要是教育部门规定的针对学生的行为规范。只要校园里个人行为都符合特定的教育行为规范，每一项设施的每一个标准都符合国家相关建造规范和使用规范，那么行为导向原则就可以得到贯彻，促使规则化意识深入到每个人的行为中。

四、体育教学中德育管理的实施

（一）体育德育管理的实施过程

1. 明确体育德育目标

在实施体育德育管理时，要确立明确的目标，因为德育管理的终极目的就是实现这个目标。在目标确立后，学校应以实现目标为基础，结合学校以及学生的实际情况制订详细的行动计划，使整个学校有条不紊地按照既定的步骤向目标前行。当然，在这一过程中要始终牢记，学生是德育的根本对象，对学生的理解是制定出合理德育目标的基础。不同类型的学校往往有不同的教育目标以及不同类型的学生群体，这就形成了多样化的教育目标、德育目标。

另外，对于国家和社会来说，德育目标和教育目标又都有相似之处，如何处理这些目标之间的关系就显得非常重要。在处理复杂关系时，大致要遵循一个原则：在总教育目标和德育目标的指导下，因地制宜制定本校教育目标和德育目标。需要注意的是，在制定本校目标时，既要立足实际也要适度超前，让目标既有可实现性又不至于毫无挑战性，由此才能激发师生的拼搏精神。

2. 制订体育德育计划

开展体育德育活动需要制订德育计划。德育计划制订的目的是贯彻党和国家的教育方针，实现德育教育，所以德育计划是指为完成德育目的所采取的工作步骤、工作方法、工作措施的总和。也就是说，德育计划是学校管理者为实现德育目标所做的行动选择。制订德育计划必须合理，计划必须有实施性，应该结合学校的具体情况合理设计各个环节，确保实现德育目标。德育计划的大致内容如下：

第一，学期（或学年）计划。学期（或学年）计划指的是整个学期的整体规划，应该在学期开始前制订学期（或学年）计划，具体内容应该涵盖学生的基本情况，学习的德育任务、内容、要求，需要采取的德育措施和德育活动开展的时间安排。

第二，月（或阶段）计划。月（或阶段）计划指的是学期内每个月（或阶段）的德育计划，该计划制订的具体内容应该涵盖教育主题、具体活动名称、具体活动内容、活动所需准备工作，以及活动负责人、活动时间安排等。

第三，德育活动计划。德育活动计划是德育活动的具体规划。应该在活动开展前，制订德育活动计划，具体内容应该涵盖活动举办单位、举办名称、活动目的、活动形式、活动内容、活动负责人以及活动具体时间、具体地点、活动进度等。德育活动具有一定规律性、系统性和稳定性，在学校教学特定时间点都要举行相应的德育活动，比如开学初、教师节、五一劳动节、六一儿童节、十一国庆节、中秋节等重大节日都需要进行相关内容的德育教育，德育教育长此以往、年复一年形成了规律性，也渐渐制度化。

制订体育德育计划需要做到三点要求：①制订德育计划需要结合具体情况、具体实际，要认真研究学校的类型、学生的特点、学校的教育目标，结合学校特性，制订德育教育计划，目的是使德育计划符合学生品德实际需求，为学生制订科学、合理、综合提升品德的德育计划。②德育计划需要合理安排德育工作分工，对不同部门提出不同任务、要求，并将所有任务具体落实到各个部门以及个人；除此之外，要明确工作进度，在制订计划时明确确定计划完成的时间。③德育计划进行过程中，要经常进行监督检查，综合德育成绩，寻找德育问题，在发现问题的基础上，总结经验吸取教训。④德育计划，必须要民主，要听取干部、学生、教师各方面的意见，不断地进行完善。

3. 开展体育德育活动

校园是体育德育教育的关键阵地，校园活动是德育教育的关键手段。因此，学校必须用有效的手段对学生进行德育教育，以期达到良好的德育效果。当然，开展这一活动并不是拍脑袋的过程，必须要在事前做好准备，同时根据实际情况的变化及时调整目标。具体而言，好的活动应当具备以下特质：

（1）具备明确的目标。毫无疑问，达成既定目标是衡量一个德育活动是否成功的根本标准。因此德育活动的一切行动或标准都应当从达成德育目标为准绳开展，并在此基础上对涉及德育活动的一切因素进行考量与安排，使其能够沿着既定目标走下去。

（2）德育活动的内容设计要科学。这里的科学有多重含义，既指德育活动必须保证有科学的方向，即顺应社会主义发展的方向，还指德育活动必须符合德育对象的实际情况，用科学的理论指导，并增加能够吸引德育对象积极参与的内容。由此，学生才能得到真正系统的德育教学。

（3）德育活动应该坚持德育原则，选择合适的德育方法和组织形式。任何活动的开展，都应该有活动原则，德育活动也不例外。在开展德育活动时，应该围绕德育原则，注意德育活动方向是否偏离，是否具有针对性，是否连贯一致，是否具有疏导性、集体性。除此之外，还应该注意选择德育方法和组织形式，在德育活动教学过程中，既可以采用室内的教学模式，也可以选择户外的活动模式、学生组织模式或社会实践模式等，也可以结合多种模式开展活动。同一种活动形式可以采取不同的组织形式，可以是组织文体活动、组织辩论活动、体力竞赛，或 DIY 活动。

（4）德育活动的过程应该组织连贯、紧凑有序。开展德育活动应该遵循三点：①应该明确德育动机来开展德育活动；②明确德育活动动机后，应该提高对德育的认识，陶冶德育情操，锻炼意识意志，养成德育行为习惯，每个环节步骤间应该紧密连接，从容有序；③全面认识品德的知、情、意、行，在德育培养过程中，侧重对学生培养这四方面，促进学生德育全面和谐发展。

综上所述，德的开展离不开明确的动机，也缺不了德育环节的精心设计和环环相扣。科学合理地安排德育过程，紧凑有序地开展，合理地协调资源与人力，可以帮助德育活动顺利进行。

（二）体育德育管理的检查与总结

开展体育德育工作、提高德育效果效率，离不开检查与总结，具体包括：①时间点的总结，具体有平时性、阶段性、学期、学年、年终性；②事项总结，具体有全面事项总结、专题性、经验性、多项性、单向性；③人员总结，具体有领导者、管理者的自我总结和检查、组织和各部门人员的自我总结和检查。在德育工作的检查和总结中，这些类型可以单独使用或综合使用。

在检查与总结的过程中，需要注意以下内容：

首先，端正态度，明确检查和总结的目的，动员群众积极参加检查和总结，领导者和管理人员应该结合群众的检查总结，认真落实检查总结工作，拒绝形式主义。

其次，开展检查和总结工作，需要提前通知，明确开展目的、有关内容，并且依照德育发展目标，公平、公正、公开地进行检查和总结，嘉奖德育工作的有效成果，指正和指导德育工作的不足。

最后，结合检查过程与总结过程，综合分析德育教学过程中的问题，重点是要找出问题、总结经验、吸取教训。

五、体育教学中德育管理的制度

体育德育应该实行民主管理，并与制度管理密切结合起来，这是学校德育管理的基本方法。体育德育管理应该制度化，并通过和运用制度进行德育工作和管理。体育德育是有规律可循的。把德育工作的科学方法和手段加以总结概括，使之形成科学、健全的制度，能使德育及其管理工作更加科学、规范、有序地进行，保证德育工作质量和取得更大的成效。

（一）体育德育管理制度的建立

在德育工作的开展及管理中，应该建立有效的制度。建立制度可以从以下三方面出发：

第一，从领导的角度出发，建立岗位责任制，目的是确保学校、各级德育的负责人能够在其位尽其力；建立会议制度，目的是确保德育工作的有效研究、确定、执行；建立考核评估制度，对各级组织负责人开展德育工作进行检查、评估、考核。

第二，从学生的角度出发，应该制定学习管理制度，比如学生行为守则、行为规范、学籍管理、出勤制度、考试制度、公共设施使用制度；建立生活管理制度，比如宿舍规定、食堂守则、作息时间、礼貌品德道德评价等。

第三，从制度的有效性角度来看，建立奖惩制度和约束制度。建立、健全学校德育管理规章制度应该做到：①制度要求适当、内容正确、有明确的目的性、条款清楚便于理解；②制度的建立必须有相应的检查和奖惩措施，具体落实措施来执行；③学生与教师制度的建立应该是共同的，要求也应相对应；④建立规章制度要积极吸取民众意见，强调民主性，只有建立在民主的基础之上规章制度才能被认可、被执行。

（二）体育德育管理制度的类型

1. 约束性制度

约束性制度是对教师和学生的行为具有约束性的制度。对于教师，约束性制度包含师德规范、请示汇报制度；学生的约束性制度包括学习守则、学生规范、生活制度等。除了约束性制度外，还有禁止制度，比如禁止考试作弊等。有约束性制度就会相应有惩罚制度，一旦师生违背了约束性制度，轻者受到批评教育，重者受到纪律惩处。建立约束性制度的主要目的在于约束学生和教师的行为，防止学生和教师出现行为偏差，并反向促进教师与学生积极进取。建立约束性制度需要结合师生的基本道德水平，还要与说理疏导结合，在以制度为保障的条件下，进行有效思想疏导，帮助学生更好地理解和遵守约束性制度。除了遵守制度之外，还要维持制度的尊严和严肃性。最后制度需要严格执行。

制定规章制度，使人们有章可循，这是前提，但更为重要的是执行，真正发挥它的教育管理作用。要在说理疏导、启发教育为主的原则下，严格执行规章制度，任何人违反了学校制度，都要受到批评，严重的则应给予纪律处分。解决思想认识问题主要应采取说理疏导、启发自觉的方法，但它并不能解决一切问题，特别是对行为问题，管理、纪律以及对违章、违纪行为的惩处，这在任何时候都是必要的、不可缺少的。执行纪律，进行惩处，它本身也是一种教育手段，可起到警醒人们思想、警戒行为的作用，使说理疏导取得良好的效果。

对于学生的处理，由于身体或学习成绩不及格等原因，在学籍管理方面受到留级、退学、肄业处理的，这属于学校行政管理范围，因为品德行为方面违反校纪而受到学校处分的，这属于德育管理范围。这两种处理在性质上是有区别的，但要做好说服教育工作。对于执行制度，进行纪律处分，应该旗帜鲜明，是非清楚，目的明确，客观公正，适当及时。对于处分要慎重，要留有余地，发现处理错了要及时纠正。

2. 激励性制度

学校体育德育教育和管理工作需要激励制度。激励制度可以为教师和学生树立德育榜样，通过树立德育榜样，引领教师和学生向榜样学习，树立自觉意识，积极向榜样靠拢。激励性制度的运用是奖励机制。在评选优秀榜样时，应该以高标准严要求进行评选，评选标准要具有时代特征，评选过程要结合实际实事求是，并要遵循民主评选原则。除此之外，评选奖励应该结合物质与精神两种方式，以精神奖励为主，物质奖励为辅。建立、评选激励性制度的全过程要以引导教师和学生积极努力向上奋斗发展为目的，激励性制度的

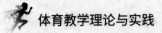

实施需要领导者做榜样，言传身教。

思考与练习

1. 体育主要有哪些功能？

2. 简述体育教学的原则有哪些。

3. 体育教学环境主要包含哪些类型？

4. 简述体育教学中实施德育管理的模式。

第二章 体育教学理论及其发展

第一节 我国体育教学理论定位与演进

一、我国体育教学理论的定位

(一) 体育教学理论的学科性质

学科性质是学术的分类特质,指一定的科学领域或一门科学分支的特质。对一门学科性质的认定,关系其在科学领域的归属和分类等许多重要问题。体育教学理论的学科性质问题,是这门学科得以确定的基本问题,体育教学理论之所以能够独立于其他学科而存在,就是由其特有的性质决定的。

按照目前体育教学理论已有的科研成果及社会科学对学科性质整体归类,学科的性质可以分为三类:理论科学、应用科学、理论兼应用科学。但是对体育教学理论的学科性质的界定,还不能简单地套用这三类。因为对学科性质的界定,还必须综合考虑这门学科的相关特点甚至相关的概念,同时受其他相关学科性质的影响。

体育教学理论作为教学论的分科教学论,它的学科性质要在综合教学论的认识基础之上,并且结合体育学科自身的特点,概括出体育教学理论的学科性质。体育教学理论不仅要有体育教学理论知识的教学,还要把这种理论应用到实践教学。因此,体育教学理论既要根据体育教学实践发展的需要,总结出各种类型的具体教学模式、教学策略、教学设计方法、教学技术等,还要在这些实践中总结、概括出普遍的规律,以便更好地指导理论教学。因此,体育教学理论定位可以概括为实践性很强的理论型应用学科。

(二) 体育教学理论的研究对象

任何一个学科的发展都应有一个核心领域,都有其特定的研究对象。特定的研究对象是一门学科产生和存在的客观依据。因此，明确体育教学理论的研究对象，是实现体育教学理论科学化的首要问题，对体育教学理论的学科建设与发展具有十分重要的意义。确立体育教学理论的研究对象必须把握以下五方面：

第一，体育教学理论所确定的研究对象是客观存在的，但这并不是说体育教学领域中所有客观存在的都是体育教学理论的研究对象。

第二，区分体育教学理论概念的内涵与体育教学理论的研究对象。体育教学理论的定义是揭示体育教学理论这个概念所反映的对象的本质属性，体育教学理论的研究对象是指体育教学理论要研究什么。

第三，区分体育教学理论的研究对象与研究任务。体育教学理论是研究体育教学一般规律的科学，并不等于体育教学理论的研究对象就是教学规律。

第四，体育教学理论的研究对象是由它所要解决的特殊矛盾的任务决定的。要界定体育教学理论的研究对象，就要弄清体育教学理论所要解决的特殊矛盾是什么。体育教学理论之所以区别于其他学科，就是它是研究教与学的矛盾。因此，要抓住教与学这一本质的联系，也就抓住了教学研究的根本。

第五，区分体育教学理论研究的客体与研究对象。体育教学理论研究的客体是整体的体育教学活动，不能把研究的客体纯粹地等同于研究对象，因为体育教学活动这一客体是学校体育教学活动所指向的对象。

体育教学理论的研究对象是从体育教学中所要解决的特殊矛盾、体育教学的任务及教与学的问题出发，来研究体育教学活动中所面临和所要解决的问题。

（三）体育教学理论的基本范畴

对于一门学科来说，基本范畴无疑是这门学科最基本的问题。诸如一门学科的基本属性、研究对象、研究方法等都可以算作这个学科的基本范畴。由于体育教学是一个复杂教育现象的统一体，因此，想弄清楚体育教学理论的研究范畴，也要从多方面来考虑。

体育教学理论研究的三个基本范畴：学生、体育理论与技术和媒介。在基本范畴的进一步演绎下，得出体育教学理论研究的内容体系。首先，学生范畴表现出来的研究内容有体育教学过程中的主体性，体育教学过程中的主体、客体，及其相互间的关系问题，如何培养学生的主体性发展问题等。其次，体育理论与技术范畴表现出来的研究内容有体育教学过程、体育教学内容、体育教学系统、体育教学规律与原则、体育教学方法、体育教学模式、体育教学组织形式等。最后，媒介范畴所表现出的研究内容有体育教学过程的主体性、体育教学目标、体育教学环境、体育教学艺术、体育教学管理与评价等。这些研究内容构成了体育教学理论的学科体系。

二、我国体育教学理论的演进

(一) 体育教学理念起源

体育教学实践活动要想顺利开展并不断向前发展，必须要有科学的体育教学思想做指导。我国是一个有着5 000多年历史的文明古国，我国古代人民在发展的过程中不仅形成了辉煌灿烂的文化与文明，而且极为重视教育的发展。其中，体育是古代教育的一项重要内容。而伴随着古代体育教育的发展，早期的体育教学思想也随之产生了。

夏朝是我国最早的一个朝代，这一时期的统治者已认识到教育的重要性，并建立了世界上最早的学校，形成了较为固定的教学内容。"六艺"（即礼、乐、射、御、书、数）是这一时期学校的主要教学内容，其中具有体育性质的教学内容有"射"（射箭）、"御"（驾车）以及"乐"中的舞蹈。因此，整体来看，当时社会中体育是文武合一的教育。周朝时，周武王重视武士教育，而且武士教育"偏重武，但文武兼备"。发展至西周时期，开展学校教育的根本目的是培养文武兼备的人才来巩固自己的统治。

(二) 古代体育教学思想

我国古代社会的体育教育教学思想，从总体上来看受统治者思想和政策影响较大。自东周时期起，我国的社会制度开始发生重要转变，在此影响下，学校教育体制也发生了重大改变，不再是"学在官府"，而是"学在四夷"。这不仅促使私人讲学、办学之风兴起，而且使学校体育教学内容有所变化，即文武分途。

进入秦汉初期，由于推崇儒家思想，学校教育的内容呈现出明显的"重文轻武"特点，即以"六经"为主，而与体育相关的内容几乎没有。到了西汉时期，体育教育仍然不受重视。此外，汉代实行的"重文轻武"文化政策被日后的统治者所沿袭，因而自汉代以后的各个朝代几乎都不重视体育教育。

在魏晋南北朝时期，由于统治者推行"重文轻武"的文化政策，再加上玄学之风在社会上的盛行，导致这一时期的学校体育也被统治者所忽视。

进入唐朝后，统治者在大力推行文化教育的同时，也颇为重视军事准备。因此，这一时期的统治者在推行科举制度的过程中，创设了武举制。在此影响下，体育教育有了一定的发展，但相比文化教育来说仍不被重视。

宋朝时期，统治者推崇程朱理学。而程朱理学相比儒家思想对待"文治"的态度而言，有过之而无不及，因而学校体育教学的发展仍然受到限制。不过，这一时期的统治者为了维护自己的统治，对军事教育和军事训练也予以关注，武学随之有所发展。但是，宋朝统治者出于政治统治的需要，要求文武对立发展。也就是说，这一时期的文者轻武、武者轻文。

在明朝初期，统治者对于文武教育都十分重视，不仅恢复了"六艺"教育，还鼓励"儒生习武"。因此，这一时期的习武场有所增加。但到了明朝中后期，统治者实行"八股取士"，导致学校教育中几乎不存在与体育相关的内容。

进入清朝后，体育在学校教育中被重新重视。但是，到了清朝后期，包括体育在内的学校教育制度也因此遭到严重破坏。

（三）近代体育教学理念

1. 西方学校体育理念的初传入

在清朝末期，西方教育思想与理念传入了我国，这不仅推动了我国近代学校教育的发展，而且使体育教育的形式与内容都出现在近代学校教育之中。

西方近代体育教学思想传入我国，与传教士有着密不可分的关系。随着来华传教士的增多，西方教会学校的数量也不断增长。在此影响下，有越来越多的中国青年人开始接触早期的西方体育教育，并对西方的体育思想（涉及体育理论、教学体制、教学形式和训练方法等多方面）进行了传播。随着西方体育思想在我国的传播日益广泛和深入，我国传统体育教育的内容也开始有所改变。

2. 近代教育家的体育教学理念

在近代社会，我国面临着内忧外患的局面。在这种情形之下，一些有识之士开始积极寻求社会的发展与变革。在这一过程中，学校教育受到了高度关注，体育教学理念也随之有了新的发展。

（1）严复的体育教育思想。严复认为在国家的发展中，教育的作用是极为重要的。他不仅提出了"以自由为体，以民主为用"的教育方针，而且强调德育、智育和体育应被同等重视。严复还进一步指出，体育在学校教育中起着重要的作用，因而应被放在首位。

（2）军国民体育思想。军国民体育思想以"强国强民""尚武""强兵"为目的，以兵式体操和普通体操为手段，注重培养学生强身健体、尚武和严格纪律等军人精神的一种体育教学思想。

（3）自然主义体育思想。在西方的体育教学思想构成中，自然主义体育思想是不应被忽视的一个，其提出者是教育家卢梭。这一体育教学思想的基本观点是，体育的重要作用是"育人"，要在让学生身体得到锻炼的同时，发展学生的个性；体育要想实现更好的运动效果，必须要重视在大自然中开展自然体育活动。不可否认，自然主义体育教学思想有一些可取之处，但其存在的不足也是不应被忽略的，即过分强调体育教学的娱乐性，而忽视了增强学生体质。此外，自然主义体育思想在引入我国后，成为五四运动期间对军国民体育进行批判的有力武器。与此同时，自然主义体育思想在我国体育教学领域的传播，促进了我国体育理论研究的进一步深入。

（4）"土洋体育之争"。我国体育教育领域内出现"土洋体育之争"，这一争论的焦点是，是以本土的体育教育为重心还是以近代西方体育教育为重心，体育教育的根本目的是救国还是促进人的健康发展。在这一争论的影响下，我国学校体育教学建立了基本稳定的体育课程体系，而且明确了体育课程的内容以西方体育为主，形成了相对丰富的体育教学方法。

（5）体育的"军事化"与"教育化"之争。在中国近代社会，西方体育教学思想不断传入我国，与我国原有的体育教学思想发生了激烈碰撞。在此影响下，不仅出现了很多新的体育教学思想，而且关于体育的性质与功能的分歧日益增大。其中，最主要的一个观点是体育的"军事化"与体育的"教育化"之争。所谓体育的"军事化"，就是对全民开展体育教育，将教育作为国家富强与民族复兴的工具；在开展体育教学时，要运用军事化的管理方式，确保体育能够为军事服务。所谓体育的"教育化"，就是将体育纳入教育体系之中，要着重发挥体育在促进青少年身心发展方面的作用，要确保体育能够为社会发展服务。很明显，体育的"教育化"就是要彻底剥离体育的军事训练性质。

（6）体育与军事训练相结合的体育思想。在抗日战争时期，解放区不仅提出了大众体育、抗战体育的口号，积极在民众中开展多样化的体育活动；而且想方设法地在解放区学校中开设体育课和课外体育活动。20 世纪 40 年代的延安大学，设立了专门的体育系，在体育人才培养、体育理论发展等方面产生了重要影响。另外，解放区的学校在开展体育教学时，既重视教授体育知识，也重视培养学生的战争机能。

（四）现代体育教学理念

伴随着中华人民共和国的成立，我国进入了现代发展时期。自 20 世纪 70 年代开始，我国体育教育迎来了一个新的发展时期。同时，社会各界都认识到体育教学思想的重要性，我国政府也对学校体育教学的基本任务进行了明确，即在增强和改善学生体质的同时，促进学生的全面发展。此外，我国政府在这一时期明确规定，各个学校应以自身特点为依据，开展多样化的体育活动竞赛。

80 年代初，由于受到国际竞技体育思想的影响，我国的一些学校尝试在开展体育课时以某一项运动训练为主，结果是大大提高了学生的体质。自此，竞技体育成为体育教学的重要指导思想之一。在这一体育教学思想的影响下，我国逐渐建立了竞技化的体育教育体制，促使学校在开展体育教学时日益重视运动训练，以发展学生的竞技体育能力，培养我国竞技体育事业所需要的人才。不可否认，这一体育教学思想为我国竞技体育人才的发现与培养产生了积极意义，但也存在过度强调学生的竞技体育素质、忽视学生体育学习兴趣的不足。因此，这一时期的学生在参与体育活动时，普遍存在积极性不高的情况。

为了改变学生参与体育活动积极性不高的情况，我国提出了快乐体育教学思想。快乐体育教学思想与我国提出的素质教育思想是相通的，即强调在体育教学中切实将学生当作中心，重视师生之间形成和谐的师生关系，让学生在体育学习的过程中能够获得快乐和成功的感觉，继而促进学生体育学习兴趣的提高。

在进入 80 年代后，伴随着体育教育的不断发展，产生了体育的整体效益论思想。该体育教学思想认为，在对体育教育进行认知时，必须涉及生物、心理和社会三个维度，即体育教育应促进学生身心的全面协调发展。

到了 90 年代以后，我国的经济不断得到新的发展，人民生活水平也有了大幅提升。在此影响下，新的体育教学思想不断出现，体育教学也随之得到了有效改革。其中，比较有代表性的体育教学思想有"以人为本"体育教学思想、"健康第一"体育教学思想、终身体育思想以及创新教学思想等。这些新的体育教学思想与我国新时期的社会发展现实和发展需要是相符合的，因而能指导我国体育教学不断取得理想的效果。

进入 21 世纪以后，我国学校体育教学改革仍在继续，新的体育教学思想理念也将不断涌现，从而推动我国体育教学的进一步发展与完善。

第二节 体育教学工作组织与管理理论

良好的体育教学工作的组织与管理是体育教学质量的重要保证，也是对体育教师的能力要求。体育教学工作的组织与管理涉及多方面内容，各方面都应得到妥善的处理。

一、体育教学工作组织与管理的基本原理

学校体育组织与管理的基本原理有多种，如人本原理、系统原理、责任原理、动态原理等方面。充分认识这些原理对体育教学组织与管理具有重要的促进作用。

（一）人本原理

人本原理注重人的积极性的调动，在体育教学组织与管理中，应注重以人为本。在管理过程中，注重人的各方面需要的满足，促进人的全面发展。

高校体育教学改革要充分体现人本主义观念，即以人为本，要对每一个学生的需求都表示足够的尊重，要对学生的兴趣和动机选择给予充分满足，并实施分层教学，具体要以学生运动技术能力的个体差异为依据进行，鼓励学生坚持学习自己感兴趣的体育课程，对学生的体育潜能不断挖掘，从而不断实现更高的体育教学目标。在管理系统中，人是管理活动的核心，各项管理手段的运用最终会作用于人，通过人来发挥其相应的作用。因此，在体育教学中，应注重人的能动性的发挥。

在学校体育教学的组织与管理系统中，人本管理原理的应用就是研究和解决如何体现以人为本的思想，使人性得到最完善的发展的问题。具体来说，人本原理在学校体育教学组织与管理中的应用，主要通过以下管理原则表现出来：

1. 行为原则。行为是人们思想、感情、动机、思维能力等因素的综合反映和外在表现。意识是人们的内在行为，动作是人们的外在行为。人的动机支配着人的行为，而人的需要又决定着人的动机。行为原则，就是对人的需要与动机进行了解，以人的行为规律为根据来进行管理。对行为原则进行贯彻，必须对人的心理反应进行了解，使人的动机得到激发，以使人的心理适应性得到提高。

2. 动力原则。在体育教学组织与管理中，应运用各种动力，激发学生进行体育的学习。没有强有力的动力，其他原理、原则的效能就会受到制约，人的积极性就难以发挥。

如果有了动力，要是运用不当，也会影响系统的功效。动力有很多种，包括精神上的和物质上的。所谓物质方面的动力，就是指奖学金，通过发放奖学金来激励学生进行学习。精神动力则是指运用精神的力量来激发人的积极性，保持对学生的尊重和关心，帮助其建立远大的理想等。

（二）系统原理

系统原理的重要理论基础是整体效应观点。所谓的系统原理就是通过对系统理论的运用，细致地系统分析管理对象，从而使现代科学管理的优化目标得以实现。因为新的有机整体的形成是系统各要素合理的排列组合的结果，伴随着新整体的构成，新的功能、特性和行为等得以出现，即具备了各要素在孤立状态下所没有的性质，产生了放大的功能，因此系统的整体功能之和可以大于各要素在孤立状态之和，且功能的放大程度与系统的规模成正比，即系统规模越大，结构越复杂，系统功能就可能越大。系统原理要求管理者在学校体育教学组织与管理中必须遵循以下管理原则，以促进学校体育教学组织与管理工作的顺利、高效完成：

1. "整—分—合"原则。"整—分—合"原则，可以简单地概括为整体把握、科学分解、组织综合。遵循"整—分—合"原则要求，管理者应做到：第一，要树立整体观点。扩大整体效应，实现整体目标是最终目的，但其大前提是整体观点；第二，正确分解。要明确分解的对象，分解不是对管理功能的分解，而是对管理工作的分解，分解要围绕着目标进行。管理功能要求人、财、物等要素统一，其中任何一个要素被肢解，都会导致管理的无法进行，因此必须抓住分解这一关键。第三，重视分工与协作。分工是非常重要的，但它不是目的，还必须进行强有力的组织管理，使各环节同步协调，有计划按比例地综合平衡，既分工又协作才能提高功效。分工要搞好，协作也要搞好，这是对整—分—合原则进行贯彻的要求。

2. 相对封闭原则。相对封闭原则是指任何一个系统内的管理手段都必须形成一个由连续的相对封闭的回路构成的完整的管理系统，进而才能形成有效的管理运动。一般来说，管理系统存在着两大基本方面的关系：一是本系统内部各要素之间的关系，二是它与外部相关系统之间的关系。学校体育教学组织与管理系统内部形成有效的管理运动，必须使系统内的管理手段、措施构成一个连续的封闭回路。不封闭的管理，即使某个环节管理得再好，也不能保证管理系统内的正常运转，无法实现学校体育教学组织与管理系统的整体效应。

（三）动态原理

动态原理是对管理对象的变化情况进行及时把握，对各个环节进行不断调节，以使整体目标得以实现的规律概括。任何一个管理目标的实现都是不易的，因为人、财、物、时间、信息等管理对象是不断变化的，处在不断发展的过程中。随着管理对象的变化，计划、组织、控制、协调等各个环节也必须相应地进行变化，以对管理对象的变化进行动态的适应，从而使管理目标的实现得到保证。

1. 保持弹性。管理系统受多种因素的影响，各因素之间的关系也具有复杂性，在管理中对所有问题的各种细节进行正确把握是很困难的，因此在管理过程中必须留有余地，保持一定的弹性，以适应客观事物各种可能的变化，保证管理活动的正常进行，这就是弹性原则。在管理中如果弹性较小，其原则性就较强，适应能力就相对较弱；如果弹性较大，其适应能力就较强，适应环境就较快。

因此，弹性大小的确定没有一个绝对的标准，要以不同的管理层次要求、不同的管理对象和不同的管理目标为主要根据。一般来说，管理弹性可以分为局部弹性和整体弹性，也可以分为消极弹性和积极弹性。在学校体育教学组织与管理实践中，既要注意局部弹性，又要注意整体弹性，要采取遇事"多一手"的积极弹性，避免遇事"留一手"的消极弹性。

2. 重视反馈。系统把信息输送出去，又将其作用结果反送回来，并对信息的再输出起到调节控制的作用就是反馈。重视通过反馈来控制管理过程具体是指通过信息的反馈，对管理者未来行为进行控制，使行为不断逼近管理目标的过程。只有通过不断的反馈，才能促成管理目标的实现。

（四）竞争原理

现代社会竞争无处不在，在竞争的过程中，人们不断取得自身的进步。对于体育运动来说，竞争更是其突出特征，在体育教学组织与管理中处处存在竞争，时时有竞争。有竞争就有压力，有压力就要奋斗，就要拼搏。竞争可以激发个体的工作热情，激发个体的进取精神，充分挖掘个体的潜能，从而能够促使个体创造性地工作，去克服各式各样的困难。此外，竞争还可以使组织集体充满生机和活力、促进内部团结、增强团队凝聚力。

在学校体育教学组织与管理过程中，应用竞争原理应注意：其一，竞争的同时应相互交流、提高，竞争原理强调竞争过程中的互相交流和互相提高，增进参与人员之间的友谊、团结与合作，并培养其团队精神；其二，评价或制裁要公平、公正，竞争和评价、制裁是同时存在的，评价或制裁的标准应采用定性和定量相结合的方法，尽量采用定量，标准要做到公平、公正，只有这样才能保持竞争的良性循环。

二、体育教学工作组织与管理的具体内容

（一）体育教学过程的组织与管理

体育教学组织与管理的目的在于提高教学质量，保证体育教学目标的实现。合理的体育教学组织与管理有利于教学秩序的稳定和教学质量的提高。体育教学组织与管理主要包括以下四方面：

1. 体育教学计划

体育教学计划是体育教师根据相应的体育教学文件以及学校的体育教学工作而制定的准确的体育教学文件。体育教学计划主要包括学年教学计划、学期教学计划、单元教学计划和课时教学计划。体育教学计划是体育教师根据国家的教育方针和《体育与健康课程标准》，通过结合本校的实际制定的体育教学工作文件。学校的体育教学计划是教师开展各项教学活动的重要依据，一般包括三方面：对制订体育教学计划的管理、对实施体育教学计划的监督和调控、对体育教学计划的执行状况进行考评。

2. 体育课堂教学

体育课堂教学中，教学组织形态的选择对教学效果具有重要的影响。良好的体育教学组织形态能够促进学生的人际交流，激发学生的学习心理，并符合教材的特性。各项体育教学活动多是以课堂教学的形式开展起来的，课堂教学是体育教学工作的重要组织形式。对体育课堂教学的管理是学校体育教学组织与管理的中心环节，对其管理的主要内容包括：确定班级形式、编制教学课表、制定课堂常规、备课与上课、体育课成绩的管理等方面。

（1）确定班级形式。在体育教学过程中，班级是其基本组织形式，各项体育教学活动都是以班级为单位而开展的。编班和班额对于保证体育课的教学质量具有十分重要的作用。编班方式应根据学校的体育设施条件和师资力量情况进行，还可采用俱乐部教学形式，还应根据具体的项目特点来确定班额。体育教学的班级编制多种多样，可把一个年级

的学生编制为若干个班级，也可将两个班级编制为一个复合式班级。另外，可根据学生的运动水平、运动兴趣以及性别等标准来划分班级。

除了班级教学的教学组织形式之外，分组教学也是重要的教学形式。分组教学是将班级分为若干个小组，教师根据小组的特点进行相应的教学指导。分组教学又可分为同质分组和异质分组。所谓同质分组是在分组之后，同一小组内的学生在体能、技能和兴趣爱好等方面大致相同；所谓异质分组则是将不同体质、运动水平的学生分为一组，便于两组之间开展竞争。

（2）编制教学课表。编制教学课表对提高教学质量和教学效果具有重要的意义，在编制教学课表时，应注意体育课之间的时间间隔，并合理分配相应的场地和器材。在教学实践过程中，为了弥补教学场地和器材的不足，可将同一进度的班级分别排到不同的时间进行相应的教学活动。

（3）制定课堂常规。课堂常规是体育教学组织与管理的重要依据，对于师生的教学活动具有一定的约束和规范的作用。良好、规范的课堂常规有助于形成良好的课堂教学秩序，对于教学活动的开展以及学生良好的思想品德的形成等都具有良好的促进作用。课堂常规是多方面的，包括道德常规、秩序常规、人际常规、安全常规和学习常规等内容。

制定规章制度是体育课堂教学组织与管理的重要手段，对体育课堂纪律的维持具有重要的作用。它可以维护体育教学的和谐关系，也可以保证体育场地器材的正确使用，并为每个人提供了体育教学日常的行为规范。所以，在制定规章制度时，应特别注意：①规章制度应具有合理性，在制定规章制度时要考虑到学生的年龄和能力，要能被学生所理解和接受，在体育课中，安全制度的制定是非常重要的；②规章制度应具有可实施性，制定的规章制度必须是可操作的、能够贯彻和执行的；③规章制度应具有一致性，体育教学中的每项规定必须明确；④制定的规章制度要力求简洁明了，不能模棱两可，而应该清楚地说明做什么、该如何做。

（4）维护课堂秩序。

第一，体育课应建立明确的规范和学习常规。为保证体育课堂教学的有效性，体育教师应该给学生建立一个明确的规范和学习常规。体育教学常规必须要符合学生和学校的实际，并具有教育性。

第二，学生应严格遵守课堂常规。体育规章制度制定后，学生应严格遵守教师制定的课堂常规。体育教师应注意不能意气用事，而应根据规范采取行动。在体育课堂上，体育教师应合理使用指导与指令，能够明确地指导学生应该做什么、不应该做什么。体育教师能够清晰准确地为学生提供体育学习的具体目标、内容、方法等方面的信息，使学生对学习什么、如何学习等都有一个较为清楚的认识和了解。

第三，体育教师应慎用和巧用批评方式与惩罚手段。在体育教学中，批评和惩罚手段具有一定的促进学生学习和加强体育课堂组织与管理的作用，但对于这种手段还是要谨慎使用，主要仍应以鼓励、教育为主。

第四，体育教师应善于集中学生的注意力。在体育课堂教学中，体育教师能够将学生的注意力集中在相关的学习内容上，在体育教学活动转换的过程中，体育教师能够及时准确地发出信息，使学生能够更好地明确体育教师的意图，跟上体育教学的进度和安排。

（5）体育课成绩的管理。在对体育课的成绩进行管理时，体育教师应对体育成绩的考核形成正确的认识，将相应的考核作为提高教学效果的重要手段，并制定科学、合理的考核体系，对学生的学习进行客观的考核。在考核中应重视学生平时学习态度的评价，处理好病伤学生的缓考与补考以及残疾学生的免考，做好及时登记、计算、汇报成绩等方面的工作，为改进考核内容、标准、办法提出意见或建议。

3. 教学质量评估

在对教学质量进行评估时，应根据一定的质量标准对体育教学的质量进行评价。通过对教学质量和教学效果进行评估，有助于体育教学的管理者更加科学、全面地了解体育教学工作开展的实际状况，对于教学质量的提升并为相应的方针政策的制定提供科学合理的依据。针对体育教学质量进行的评估是多方面的，具体可分为领导评估、专家评估、校际评估、自我评估和受教育者评估等多种类型。

4. 意外伤害事故

在现代体育教学实践中建立风险处理机制，能使体育教学始终保证在安全的基础上进行，具体来说，学校应根据风险可能发生的概率和严重程度做出不同程度的判断，建立可靠的风险处理机制，将可能发生风险的因素降到最低。如果风险发生，那么将要在第一时间把事件的负面影响降至最低，防止事态的进一步升级，以保证体育教学的顺利有序进行。一般来说，风险由客观事物和人为主体构成，具体如下：

（1）客观事物构成的风险，主要是指体育教学周边环境所带来安全隐患的风险。例如，在每堂体育课程开始之前，体育教师、场地或器材的管理人员要对所用器材进行全方位的检查，如篮球架是否牢固、单双杠是否结实、场地周边是否有障碍物或利器等。

（2）人为主体构成的风险，主要是指由于学生安全意识不强、身体状况不适、对于所学运动技能的掌握不扎实等导致的运动中出现错误动作而引发受伤等安全隐患的风险。例如，学生在体操课上练习倒立动作，由于没有掌握正确的保护动作而使颈部重重着地，造成严重的颈部伤病，或在足球运动中运用不正确的铲球动作导致手腿部损伤等。

在对人为伤害进行管理时，应强化"预防为主，安全第一"的思想意识，在此基础上采取各种有效措施，确保将各种安全事故的发生率降到最低。另外，在相应的事故发生时，还应做好意外伤害事故的现场处理及管理。和其他学科的教学内容不同，体育教学的主要授课内容几乎全部是以身体运动为主。因此，在体育教学过程中，应加强对学生的安全管理，对学生的每一种行为都要严格观察，随时排除风险隐患。

体育教学活动中意外伤害事故的预防措施主要包括：确保教学活动的各项场地设施和设备符合国家相应的安全标准，学校应采取相应的监督措施，确保教职工能够采取相应的措施预防和消除可能造成学生人身伤害的危险。学校还应建立健全管理和保护学生安全的各项规章制度，并且应保证各项规章制度能够得到严格的执行。

另外，在开展相应的体育运动竞赛时，还应制定严格的安全检查流程，确保各个环节的安全。在发生意外事故时，应进行正确的判断，并做出及时的应对和抢救措施，还应做好相应的通报和信息发布工作，稳定师生和家长的情绪，并从源头上消除谣言传播的可能性。

（二）体育教学课程的组织与管理

我国的体育课程管理实施三级管理体制，即国家、地区和学校三级管理。在三级管理体制下，不仅有助于国家对体育教学工作的宏观筹划和管理指导，还能够更好地发挥地方和学校的自主性、积极性和灵活性。

1. 国家对体育课程的管理。国家对体育课程教学的管理表现为：教育部对体育教学的基础教学课程进行规划，确定相应的课程内容标准，并制定相应的课程管理政策。具体而言，教育部制定的《体育与健康课程标准》对课程的内容提出了总体的要求，但是并没有做出明确的、具体的要求，这给地方和学校留下了可供选择的空间。

2. 地方对体育课程的管理。地方一级管理部门对体育课程的管理包括：地方教育行政部门以国家课程管理政策和本地实际情况为依据，制定本省（自治区、直辖市）课程计划和标准。地方教育行政部门根据《体育与健康课程标准》与本地区的具体情况，制订出本地区的课程实施方案，报教育部备案，并在本地学校中组织实施。

3. 学校对体育课程的管理。学校根据国家相应的体育教学的规定以及地方的要求，结合本校教学水平以及学生的实际情况来确定相应的体育教学的内容，合理开发和选择多种体育教学的课程。其对自身的体育教学课程的管理内容为：学校根据上级的课程方案，结合本校实际，选编符合本校实际的体育课程教学方案并组织实施。

（三）体育教学信息的组织与管理

教学信息的管理要求教学信息得到高质量的传播，并且能够得到相应的反馈。应在充分发挥学生的主体地位的基础上，优化信息传播的结构，使得教学信息能够快速得到传递，并且能够及时得到反馈，师生之间形成良好的协调配合。因此，在体育教学中，应注重教学信息的科学管理。

在课程的开始部分，教师首先应简明扼要地向学生说明本次课的基本任务，并根据课程目标来安排相应的准备活动。在课程的基本部分，尤其是基本部分的前半段，教师的讲解较为重要；在课程的后半部分，讲解要有针对性，练习较为重要。在课程的结束部分，教师对学生进行相应的点评。

（四）体育教学健康的组织与管理

1. 体质与健康

增强学生的体质和健康是学校体育教学的重要任务之一，对学生的体质与健康管理的基本要求有如下方面：

（1）建立健全组织机构。学校应建立健全学生体质与健康检测的组织机构，定期对学生的体质健康状况进行检测，并将其纳入具体的体育工作计划之中。一般对学生的体质健康状况进行检查的内容包括：学生的身体形态发育状况、生理机能以及身体素质与运动能力水平。

（2）建立各项管理制度。对学生体质健康状况进行管理，应建立相应的学生健康管理制度和伤残、体弱学生的体育活动管理制度，切实增强学生的体质和健康水平。在体育教学过程中，应严格按照相应的管理制度开展相应的活动。另外，还应建立学生健康档案，进行编写、登记，便于随时查阅。

（3）加强对学生健康教育。加强学生体质与健康方面的宣传和教育工作，如卫生与生活习惯教育、心理卫生教育等，通过丰富多彩的形式进行健康教育，吸引学生参与其中。

（4）开展检查评估。要对学生的体质与健康状况进行经常性的检查与评估，并进行深入的分析和研究。针对研究的结果开展相应的宣传教育，并制定有针对性的措施，改善和增强学生的体质健康水平。

2. 体能与健康

体能与身体健康状况具有重要的关系。在体育教学过程中，可通过各种体育游戏、身体素质练习以及技能练习等来促进学生体能的发展。通过对人体施加一定的运动负荷，能够促进人体的适应性改变，从而促进人体体能的增强。体能的发展并不是一朝一夕能够完成的，需要学生积极主动地进行锻炼。

体育教师应调动学生参与体育运动的积极性，组织学生进行身体锻炼，使得学生在承受相应的运动负荷的同时，真正体验到运动的乐趣。体育教师应根据学生的具体情况，选择合适的练习内容，确定符合学生生理状况的运动负荷，促进学生体能素质的发展。

（五）体育教学财物的组织与管理

财物是体育教学顺利开展的重要保证，对其进行管理包括对体育经费的管理和场馆器材的管理两方面。

1. 体育经费管理。在体育教学过程中，应对经费进行合理计划、使用，进行科学监督，加强经费的经济核算，提高管理水平，为学校发展提供必要的经济保障。应按照相应的财政法规制度，对学校的各项经费进行预算。

2. 场馆器材管理。对场馆器材的管理要做到：计划配置、合理保管、充分利用、科学保养，保证体育教学过程中场地器材的使用。具体而言，包括场地设施管理以及器材设备的管理两方面内容。对场地器材设施的管理应建立相应的管理制度和使用计划，体育场地设施的管理制度包括场地使用规定、场地管理人员岗位责任制、场地目标管理制度等。使用计划包括训练、教学、竞赛、维修等方面的计划。对体育器材进行管理时，应对相应的器材设备进行登记保管，并注意定期保养和补充，在使用时应按照规章制度进行领用或借用。

三、体育教学工作组织与管理的基本要求

（一）明确体育教学的目标

1. 为学生制定明确目标。在体育教学中，一旦学生确立了目标，就会更加主动地去实现它，这会激起学生强烈的学习动机。因此，为学生制定明确的学习目标对提高学生学习的能动性是至关重要的。

2. 确保目标的实现。体育教师在制定学习目标时，应确保目标能够实现，并使学生

相信目标是可以达到的。虽然不一定很容易就能达到目的，但是学生应该有机会和潜力实现。相反，如果目标太容易，没有什么挑战性，目标对学生的激励作用就大大减小。

3. 为目标制定具体的步骤。在制定学习目标时，体育教师要帮助学生为目标制定小的、可以实现的具体步骤。长期的目标需要分成一系列更小的短期目标，每个小目标的实现可以看作是学生向整体目标迈进的一步。当目标被划分为可以完成的小目标时，似乎更容易达到。

4. 为目标制定切合实际的实现时间。体育教师在设置实现目标的具体时间时，要以能促进体育教师和学生为标准而设置。实现时间也可以被看作成功地实现短期和长期目标的参考，同时是评价学生是否按时实现目标的标准之一。

5. 为实现目标做好详细记录。在实现目标的过程中，应对实现目标做好详细的记录。这样可以使目标更清楚易懂，易于让学生对目标进行组织、安排。这样做有利于学生将目标内在化，成为其主观意识。这一目标应该贴在学生能够看到的地方（在保证安全的情况下），并将已实现的短期目标划掉，这样做会收到意想不到的教学效果。

（二）培养学生自我认识能力

培养学生正确认识自我的能力是激发学生取得成功的关键。体育教师应提高学生的自我期待值。学生自我期待值的提高有利于促进学生体育学习，提高自信心。体育教师要为学生提供指导和鼓励的信息。在给学生提供的信息中，首先，自我意识，即提高学生的自信心、自我期待值，充分激发与调动学习热情；其次，为学生提供与运动技能认知概念相关的信息。体育教师通过这种方式，激发与调动学生学习体育的积极性和自信心。

教师应根据学生的实际能力，调整学习目标；了解学生的身心准备；帮助学生设定具体、合理的体育学习目标；给学生充足的学习与练习时间；合理安排时间，设定具体时间段，使学生有可供利用、做自己事情的时间；建构充满鼓励、支持学生体育学习的身心环境；当学生身心发展都达到一定程度时，帮助他们再进一步；为学生准备各种情境训练，以使他们在遇到突发或特殊情况时能应付自如等。

（三）促进提高体育教学水平

我国体育教育教学的总体目标是"以人为本"，因此，现代体育教学组织与管理也应突出"育人"的特点，在育人的基础上去调动学生的积极性、主动性。为获得优质的教学效果，体育教师需要用系统的思想和方法，综合、分析和研究体育教学的各个组成因素以及他们之间的关系。体育教学的组织与管理活动应促进体育教学实践的开展，为教学目标的实现、教学任务的完成以及教学过程的顺利实施提供前提和保障。

四、体育教学工作组织与管理的方法类型

（一）宣传教育方法

宣传教育方法是通过宣传和教育等方式，使人们围绕着共同目标而采取行动的一种方法。宣传教育方法有着一定的依据，其客观依据就是人们对思想活动的发展规律的正确认识。在现代体育教学组织与管理中，采用灌输、疏导和对比等教育工作方法是使管理目标得以实现的有效方式，这些方法可有效激发行政管理人员、教练员和运动员的工作热情，是各项工作开展的前提。另外，宣传教育方法对其他管理方法的综合运用起着传播、解释的优化作用。宣传教育方法的特点与作用主要体现为以下四方面：

1. 注重疏导性。宣传教育方法的疏导性主要表现为通过宣传教育的方式，动之以情、晓之以理，启发人们的自觉性。需要进行因势利导，才能达到教育的实效。

2. 宣传教育的先行性。宣传教育的先行性主要体现为两方面：①通过宣传教育，被管理者可以对管理方法和决策有充分的了解，同时可以思考自己如何配合行动；②在管理过程中各项决策实施之前，通过宣传和教育，还可事先预测到人们可能产生的各种反应，制定相应的宣传教育措施予以预防，从而强化其正面效应，抑制可能产生的不良效应。

3. 宣传手段和方法的灵活性。宣传教育的灵活性主要体现为：由于管理对象不同，思想基础、性格类型、价值观念和需求等方面也存在着差异，宣传教育工作需要依据不同的时期和不同的管理对象，对宣传教育的内容和重点、形式和手段进行确定，保持灵活性和针对性。

4. 宣传教育具有一定的滞后性。由于人们的认识和思想是对客观事物的反映，所以只有在事情发生之后或有些苗头的时候，才能对被管理者进行一些思想教育工作。滞后性对管理者有着一定的要求。管理者要从实际出发，科学地、正确地分析已经发生的问题，做到以理服人，这样才能使思想教育真正落到实处，使人们的动机从根本上得到激发。

通过宣传教育，既可激发学生参加体育活动的热情，指导学生自觉、主动地参加运动锻炼，还可调动学生体育工作各方面的积极性，从而推动学生体育工作的广泛开展。对有关学生体育的方针、政策、规章制度等执行的好坏，与对其所做的宣传是否得力有关。尤其对正处于受教育期的学生来说，只有加强对他们的体育宣传教育，才能取得更好的效

果。因此，要通过班会、周会、板报、墙报、电视、广播、期刊报纸以及各种类型的体育娱乐、竞赛与表演活动等方式，大力进行体育宣传，教育学生积极参加体育运动锻炼，促使学校相关领导、管理人员和广大体育教师重视学生所参加的体育活动或工作，这样不仅能提高教学管理的水平，对学生自身的发展也有重要的意义。

（二）行政方法

行政方法，是指依靠各级管理机构和领导者的权力，运用行政手段，按照行政系统规范进行管理活动的方法。行政方法是由行政管理系统采用命令、指示、规定、指令性计划和职责条例等行政手段，对其各子系统进行调节与控制的一种方法。由于该方法是由上级发布命令，下级则要服从上级，上下级之间的关系非常清晰。

因此，行政方法的运用应遵循本部门的实际和管理活动的规律。同时，行政方法的运用也对上级领导者的领导素质提出了较高要求，不仅要求领导者具备较高的理论政策水平，而且还应具备较强的组织管理能力，以有利于体育教学组织与管理质量的提高，促进组织与管理的功效，促进体育教学目标的实现。行政方法的特点主要表现在以下五方面：

1. 权威性。在体育教学组织与管理过程中，权威是行政方法所起到的主要作用。行政方法是否有效，所发出指令的接受率以及上下级之间的沟通，在很大程度上取决于管理者的权威。因此，不断地完善和健全各级体育教学组织与管理机构，强化职、资、权、利的有机统一，努力提高各级管理组织和管理者的权威性，是行政方法得以有效运用的基本条件。

2. 纵向性。行政命令的传达执行通常是通过垂直纵向逐层进行的，很多时候，下级只服从顶头上司，下一层次只听上一层次的指挥，对横向传来的命令、规定等，基本上可以不予理会。因此，行政方法的运用通常表现为上级对下级的指挥和控制，其强调纵向的自上而下，反对通过横向传达命令。因此，行政方法还具有纵向性特点。

3. 强制性。行政方法具有一定的强制性，这主要是因为行政方法是通过各种行政指令来对管理对象进行指挥和控制，这些指令是上级组织行使权力的标志，下级必须贯彻执行。需要强调的是这种强制是指"非执行不可"的意思，它对人民的要求是在思想上和行动上服从统一意志，强调原则上的高度统一。

4. 针对性。在运用行政方法时，应依据不同的管理对象、目的和实践进行有针对性的改变，其针对性主要体现在实施的具体方式、方法上。由此可以看出，行政方法也具有一定的局限性，往往只对某一特定时间和对象有用。由此，在运用行政方法进行管理活动时，既不能把它看成是唯一的方法，也不能不顾对象、目的和时间的不同而滥用。

5. 稳定性。行政方法具有相对稳定的特点，这主要是因为行政管理系统具有严密的组织结构、统一的目标、统一的行动、强有力的调节和控制，对于外部因素的干扰具有较强的抵抗作用。

（三）现代管理方法

1. 奖惩法

奖惩法是指在体育教学中运用表扬、奖励先进学生，批评、惩罚落后学生的方式来管理学生的方法。奖惩法如果运用得当，能很好地提高教学的质量和水平。正确地运用奖惩法应注意以下两点：

（1）全面实行表彰和奖励。①表彰和奖励在课堂上表现突出或在各种竞赛上获奖，以及成绩进步迅速的学生；②表彰和奖励积极参加体育运动锻炼的学生。

（2）奖励与惩罚相结合。奖励和惩罚要做到赏罚分明，学生取得成绩时要受到表扬和奖励，学生犯错时要给予批评和惩罚。

2. 隐性管理法

隐性管理法是指教师依据课时计划进行教学目标控制、教学过程控制和教学的效果控制之外，间接影响学生心理状态和行为的控制方法。在体育教学中，如果隐性管理运用得当，会对学生起到潜移默化的作用，从而提高教学的质量和水平。隐性管理主要包括以下方式：

（1）动作启发法。在体育教学的过程中，体育教师的手势、走动以及各种表情动作等都传递出一定的信息，学生要能感知到这种信号，听从教师的安排。体育教师的手势具有一定的引导作用，手势动作成为辅助体育教师课堂管理的夸大语言的外部表现形式；体育教师的面部表情也有一定的潜在的调控作用，如表现理解的微笑和思考式的点头则表示教师对学生的鼓励和期待；表示满意的微笑和赞许式地点头，则表示出教师对学生所做行为的肯定，师生之间这种默契的互动能形成良好的教学氛围，提高教学的质量。

（2）情感交流法。在体育教学中，有一部分学生经常会出现一定的负面情绪。这些负面情绪对教学质量的提高将产生直接的不良影响。因此，作为一名优秀的体育教师，在课堂上必须要善于通过情感交流，去完成预定的教学计划，从而达到既定的教学目标。

（3）语气引导法。语气引导法是体育教学中教师常用的方法之一。在体育教学过程中，教师把声音的音质、音量、声调、语速和节奏等加以组合变换，融声、色、情为一体，并运用到语气上，能对学生产生一定的诱导性影响，帮助学生将注意力集中在技术动作学习上。

在教学过程中，体育教师主要通过身体行为和有声语言来传递自己的思想和信息。而通过情感、动作、语气等的运用，能及时纠正课堂上出现的各种偏离现象，从而保证教学活动的顺利进行。

3. 柔性管理法

柔性管理是一种现代管理的方法，它是相对于刚性管理而言的，倡导采用非强制性方式，对人的心理施加潜在的影响，管理者的主要职能表现为协调、激励和互补等。柔性管理更加人性化，便于组织和管理。柔性管理在体育教学中主要表现为以下方面：

（1）个体重于群体。学生个体具有很大的差异性，这就要求在体育教学中应分别对待。"一刀切"的教学方法不可能实现因材施教，促进学生的共同发展，而柔性管理的运用，能很好地解决这一问题。

（2）肯定重于否定。心理学认为，"尊重"是人的基本需求，包括别人对自己的尊重，如支持、赞美、接受等。如果人在这方面得不到满足，就会产生自卑、软弱心理。在教师对学生进行管理时，特别是在对其进行评价时，应注重对其进行积极的肯定，使其心理得到一定的满足。具体而言，柔性管理时应注意：①注意刚柔互补。刚性管理强调规范性和强制性，这种管理方法可以确保教学过程有章可循，目标明确，可操作性较强。但是思想过于保守，传统守旧，容易陷入机械化和简单化，而柔性管理则能弥补这一方面的不足，配合使用，能收到良好的效果。②注意柔性管理效果的滞后性。在刚性管理中，管理者的意志与被管理者的执行是同步的。而在柔性管理中，被管理者的执行明显落后于管理者的意志。

4. 其他管理法

（1）加强学生自身的管理，让学生管理学生。让学生进行自我管理是一种良好的方法，通过建立相应的学生自我管理体制，不仅能够实现学生能力的发展，还能够减轻教师的工作量。这种管理方式还能够在学生之间形成良好的氛围，并且相对自由灵活，更加易于管理。通过学生自我管理，能够发挥学生的积极性，并且能够充分发展其在管理方面的能力，这对于学生的全面发展具有重要的意义。

（2）加强家庭、学校、社会的全方位管理。体育教育管理需要学校、社会、家庭等各方面进行积极的配合，这样才能够实现更好的管理。因此，在体育教学组织与管理过程中，学校的相关管理部门应积极联系家长，保持良好的沟通和交流，使得家长能够了解到学生的学习动态，并且能够对体育教学提出相应的意见和建议，从而促进体育教学组织与管理的优化发展。在体育教学组织与管理过程中，还应积极听取专家和学者的意见和建议，对教学组织与管理进行科学的改进。

（3）进行感情交流，实行感情管理。热爱体育运动的学生，其性格大多乐观开朗，能够与他人建立良好的关系。因此，这类学生和体育教学之间很容易形成良好的关系。在进行教学组织与管理时，教师可与学生进行主动沟通和交流，解决学生的现实问题，从而能够有的放矢地开展管理工作。

第三节　体育教学理论发展与研究趋势

一、体育教学理论的逻辑结构趋于科学化

"学科"必须在一定程度上反映"科学"的结构。"学科"的内容不是片断的、枝节的知识集合体。"学科"不能没有逻辑，而且"学科"的逻辑应依存于"科学"的逻辑。换言之，科学的逻辑框架在相当长时期内是相对稳定的，"学科"的内容应当依据这一框架加以厘定。一种教育理论是一种逻辑上复杂的结构，可以用大量不同的方法加以评价。就它包含经验判断而言，要受有关的经验事实的检查；就它包含价值判断而言，易受各种哲学论点的责难；就它是一种论点而言，要受内部的一致性的检验。假如某种教育理论经不起其中任何一方面的检验，人们就不会用它来指导教育实践。因此，理解一种教育理论如体育教学理论的逻辑结构是十分重要的。

要研究体育教学理论的学科逻辑结构，还要关注其学科性质，因为不同学科性质的体育教学理论就有不同的逻辑结构。学科可分为理论学科和应用学科，而体育教学理论学科定位为融理论与应用为一体的综合学科。作为综合学科，它既要包含"描述—解释"的理论，又要包含"构想—规范"的理论。教育理论是一种实践性理论，它与描述性理论、解释性理论（后两种又称"科学理论"）在结构上有很大不同。

"从当今体育学科发展状况和社会需求变化等情况看，体育学应作为独立的学科门类加以建设和发展。"① 体育教学理论的学科逻辑结构应该趋向于在对体育教学理论"描述

---

① 　胡春雷. 关于我国体育学科定位问题的思考 [J]. 成都体育学院学报，2010，36（3）：6.

—解释"的基础上，即对体育教学理论相关概念、发展历程等的描述解释的基础上，对体育教学实践理论遵循目标假定、对象假定、内容和方法假定的逻辑顺序进行阐述，这就构成了体育教学理论的逻辑体系。

二、体育教学理论的教材体系趋于理性化

作为体育教学理论学科体系直接的反映，体育教学理论的教材体系发展呈现出理性化发展趋势。教材体系不仅从严格的逻辑出发组织教材内容，构建教材结构，强调教材的逻辑性，注重理性分析，力求把教学论知识囊括在严密的逻辑框架之内，而且兼顾了教材编写的规范。

（一）教材内容的逻辑结构趋于科学化

体育教学理论教材内容的编排逻辑，一直是困扰体育教学理论研究者的问题，只有找到科学的逻辑线索才能解决这个问题。体育教学理论知识大致包括三方面：一是静态的"形而上学"知识，二是体育教学进程的动态知识，三是体育教学（理论）发展过程的动态知识。可以用"教学问题"作为"体育教学理论"的内容选择和组织的基本线索，因为体育教学问题既是作为科学问题提出来的，又是由已有的体育教学理论知识中整理总结出来的，实质上它们内在地统一了体育教学研究者的思维逻辑和学习者的认知逻辑。

根据体育教学理论学科的逻辑，结合"教学问题"作为内在的逻辑线索，并考虑到科学研究一般遵循从特殊到一般、从具体到抽象的归纳逻辑，具有长期性，而学生学习过程则普遍遵循从一般到个别、从抽象到具体的演绎逻辑，教材应当遵循学生学习过程的规律。

（二）紧密联系教材编撰原则发展趋势

教材编写改革已经是一种趋势。因此，我国体育教学理论教材的编写工作应适应教材编写的改革趋势，除遵守教材编写的一般规范，还应该把教材编撰原则的发展趋势纳入其中。

在编撰原则上应遵循：多元化视角——教材应有清晰的逻辑结构，以不同的视角来解析教材的逻辑；国际化视角——在编写教材时，应参考借鉴国外相关学科的经验；密切联系实际——引导学生掌握解决实际问题的途径和方法；遵循学习和认知规律——教材的编写应重视学生自学能力和理解能力的培养，教材应多采用大量的例证。

在教材设计与编排方面：前言或序言，不仅要介绍该书的特点、特色、再版时增补的具体内容和原因等，还要向读者交代该书的使用方法、有哪些教学和学习资料等；目录，除正常的目录外，还可提供详细目录、图表目录或专题目录；参考文献，可以设计成引导学生进一步阅读的导读书目，书目的编排也应注重方式。

三、体育教学理论的内容体系趋于整合化

（一）体育教学理论研究成果的整合

第一，已有内容的整合。体育教学理论在 20 世纪末出现了飞速发展，特别是在成为独立学科之后，其学科内容迅速得到充实。但体育教学理论的学科内容反映在教材中，出现了总结、综合前人或他人研究成果时概括层次不高，未能有机地纳入自己的体系的情况。

第二，对新出现的体育教学理论的整合。随着学校体育的快速发展，体育教学理论日新月异。体育教学理论作为一个开放的学科，学科的内容在不断地吸收、改造这些研究成果的同时，也在进一步提高抽象、概括水平，努力追求学科内容的整合。

（二）体育教学理论与课程论的整合

"为从整体上提高国民身体素质，我国将体育教学列为基本课程。"[①] 我国基础教育的新一轮课程改革，新课程要求教学的"动态化""人性化""探究性"，同时从课程目标、课程内容、学习方式、课程资源等方面提出了全新的理念，使得体育教学理论在处理教学实践时遇到很多新问题。在进行体育教学时，就需要思考采用什么样的教学方法、手段来完成目标。

此外，随着课程论研究的深入，课程结构已突破了以往单一的学科课程的格局，课程形态日益多样化，潜在课程、综合课程、活动课程进入人们的视野。体育教学理论作为培养体育教师、研究教学理论的学科，只有整合课程论的研究内容，才能满足自身体系发展的需要。

（三）体育教学理论与学习理论的整合

随着体育教育研究的发展，体育学习理论逐步引起了体育教育研究者的重视。学习理

---

① 杨果. 高校体育教学中运动伤害事故预防及处理研究——评《我国学校体育伤害事故预防理论与实践研究》[J]. 中国安全科学学报，2021，31（1）：201.

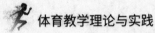
论不管是对指导普通文化教学还是体育教学都起着至关重要的作用。特别是新课程改革，它要求教学要以学生的学习为主体，要求教师不仅要知道怎么教，还要了解学生的"学"到底是一个什么过程。换言之，就是不仅要知道教学理论的知识，还要知道学习理论的知识，更要能够把教学理论与学习理论密切联系起来应用于实践。因为只有了解了学生的学习是一个什么过程，才能更好地对他们实施教学，所以把体育教学理论与学习理论整合是很有必要的。

思考与练习

1. 用自己的语言概括我国体育教学理论的定位。
2. 体育教学工作组织与管理中主要涉及哪些原理？
3. 简述我国体育教学理论的发展趋势。

第三章 体育教学方法体系

第一节 有效体育教学及方法

一、有效体育教学

（一）有效体育教学的内涵

所谓"有效"，主要是指通过一段时间的教学之后，学生所获得的具体的进步或发展。教学有没有效益，并不是指教师有没有教完内容或教得认真不认真，而是指学生有没有学到什么或学生学得好不好。如果学生不想学或者学了没有收获，即使教师教得很辛苦也是无效教学。同样，如果学生学得很辛苦，但没有得到应有的收益，也是无效或低效教学。

换言之，学生有无进步或收益是教学有没有效益的唯一指标。有效体育教学就是以尽可能少的体育教学投入获得尽可能多的身心健康和发展效应的体育教学。在有限的课堂时间里要效率、要质量是新一轮体育课程改革的重要目标，是减轻学生学习负担的重要手段，是落实素质教育的重要保证。这就要求体育教学必须是有效教学。

（二）有效体育教学的标准

有效体育教学与传统的体育教学方式有显著的不同，衡量体育教学的有效性主要表现在以下三方面：

第一，高效率，指在体育教学活动中以较小的教学投入（人力、物力、时间）而让学生获得较大的身心健康和发展效应（教学效果）。

第二，好效果，即实际的体育教学效果与预期的教学目标的一致性。有效体育教学的教学效果应与预期目标相吻合，这是体育教学的一种目标追求，即追求高效率地达成预期的目标。在体育教学实践中，如果体育教学取得了良好的教学效果，而且与教师所预期的基本一致，这样的教学就是有效果的教学。

第三，高效益，即体育教学活动有好的收益，并能实现教学活动的价值。教学活动的结果能够符合社会需要和个体成长与发展需求。

（三）有效体育教学的实施

1. 有效体育教学实施的原则

实施有效体育教学方式必须注意以下五方面：

第一，学生必须要有明确的目标，并为实现目标而努力。这个目标包括知识性目标、技术技能性目标和情感性目标，并且符合学生的生理、心理发展特点。有效教学应该使学生明确通过努力而要达到的目标，并且明确目标达成对个人成长的意义。

第二，教学任务富有挑战性。在设计具有挑战性任务教学过程时，要求学生在较高的体能与技能水平上完成任务，通过完成任务获得更高的体能与技能。

第三，结合生活实际和已有经验，提高理解和认知水平。在教学过程中，要在学生已有的知识经验基础上，联系学生的生活实际，帮助学生达到更高的理解水平。

第四，及时反馈。在教学时要引导学生将具体化的目标适时地与预定的目标进行对比，并进行调整，提高学习效果。

第五，恰当利用迁移。利用迁移解决原来未解决的、更为复杂的问题，激发进一步学习探究的愿望，提高自我解决问题的本领。

2. 有效体育教学实施的类型

并不是所有的体育教学都是有效的，有效体育教学应包括组织得当的课堂和合理的教学策略。

（1）有效体育教学的课堂组织。在体育教学过程中，给学生建立明确的规范和体育学习常规是非常必要的，是"有序"教学的重要保证，也是有效教学的重要前提条件之一。体育教师应始终如一地贯彻执行已经制定的规范和常规，对违反规范或常规的学生进行必要的批评教育，使课堂"乱"而有序，学生的主动性和创造性既能发挥出来，又不放任学生。体育教师在课堂上要能够及时发现并迅速制止学生在体育课堂中出现的不良行为，能够及时准确地找到学生在课堂上出现问题的原因，并能使这些问题解决在萌芽状态。

（2）有效体育教学行为。明确学习目标能够明显提高学习的效果，因此有效体育教学是在体育教学过程中，体育教师能够清晰准确地为学生提供目标、内容、学习方法等方面的信息，使学生对体育教学"学习什么""如何进行学习"有一个清楚的认识。

体育教师需要能够正确地提出问题。首先，能够引导学生愿意，甚至积极主动地回答问题；其次，提出适当的问题，即提出学生通过努力能够回答的问题，学生回答问题的成功体验有利于学生以后继续回答问题；最后，体育教师需要能够提出清晰明确的、有利于学生思考的问题，并能引导学生正确地回答。学生如果清楚地知道体育教师要求他回答的问题，以及问题的顺序，就能很好地回答问题。

体育教师需要将学生的注意力集中在相关的学习内容上。在体育教学活动转换的过程中，体育教师能够及时准确地发出信息，使学生能够更好地明确体育教师的意图，跟上体育教师的安排；体育教师应能够帮助学生建立良好的自我期待和提高学生的自信心，并能够热情地、清晰地为学生提供指导与鼓励的信息。在给学生提供的信息中，首先是自我概念的信息，即提高学生的自信心、自我期待，充分激发与调动学习热情的信息；其次是与运动技能认知概念相关的信息。

二、有效体育教学方法

（一）示范与辅导教学法

1. 示范教学法

示范法是指教师指定学生以具体的动作为范例，使学生形成初步的动作表象，以指导学生进行学习的方法。示范法是体育教学中最常用的直观方法，它在使学生了解所学动作的表象、顺序、技术要点和领会动作特征及形成表象方面具有独特的作用。体育教学中优美动作示范还能激发学生学习的兴趣，增强学生学习的自信心。示范法按示范面来分可分为正面示范、背面示范、侧面示范和镜面示范，按功能分可分为初步形成表象示范、纠正偏差或错误示范，按示范的正误可分为错误动作示范和正确示范。体育教学过程中应根据示范的作用和教学内容的性质特点等选择最佳的示范模式。

示范法的教学使用要求有以下内容：

（1）示范要有明确的目的，重点要突出。在体育教学过程中，由于示范的目的不同，因此在教学过程中要根据教学任务、教学内容的特点来安排示范的时间、速度、重点等，以突出重点，提高示范效果。例如，在学习新的动作时，为了让同学们建立良好的动作表象，应以正常的速度完成动作；又如，为了让同学们掌握羽毛球的挥拍轨迹，应取用缓慢挥拍的方式等。

（2）动作示范要准确、熟练。示范是为了让同学们掌握动作概念，形成正确的表象。准确、熟练的动作示范在很大程度上影响着学习效果。因此，体育教师在课前必须熟练准确动作，切忌做出错误的示范。

（3）选择适当的方向与位置示范。示范的位置与方向是根据场地情况、场地器材条件、队形情况、动作技术、安全因素等来确定的。队伍规模较大，为了不影响其他同学的视线，应选择较高的地势进行示范；广播体操、热身操则应在扇形队伍的圆心处做镜面示范；人体纵向运动技术，如压腿、前后翻滚、起跑等运动技术应选用正向侧身示范。

（4）示范与讲解相结合。示范要取得好的效果，除了要选择恰当的方向与位置外，还必须配合讲解。示范与讲解可同时进行，也可以先讲解后示范或者先示范后讲解。对于全新的动作技术，教学时应先进行动作示范，后进行分析讲解；难以掌握的动作技术，应边示范边讲解；有清晰的动作表象，但是动作技术细节、结构不清楚的动作，先讲解后示范的效果更佳。

2. 辅导教学法

辅导法是指在教学过程中通过对学生进行有针对性的指导和帮助，以取得教学实效的教学方法。它是落实和贯彻学生主体性和因材施教原则的重要体现，是体育新课程关注个体差异教学理念的具体表现，对促进学生的共同提高有着重要意义。辅导法可分为集体辅导法、小组辅导法和个别辅导法，还可以分为某个动作技术教学的事前辅导、事中辅导和事后辅导等。体育教师必须根据教学的目标、动作内容特点选择适当的辅导法。

辅导法的教学使用要求有以下内容：

（1）深入了解学生存在和需要解决的问题，有的放矢地辅导。对于同一教学内容，每个学生掌握的情况不一样，因此，了解学生的实际问题是辅导的关键。在运用辅导法教学时，教师必须深入每个小组，观察和发现他们存在的问题，并进行有针对性的辅导。

（2）全面兼顾，进行有针对性的辅导。在体育教学实践中，许多教师错误地认为辅导就是针对还未掌握技术的学生，其实辅导也可以对掌握动作较快的学生提出更高的学习要求，并做出相应的辅导。

（3）教学内容必须是学生熟悉的或者有一定基础的。辅导法是在学生掌握一定技术的基础上，也就是有一定自学能力基础上的教学法，对于全新的动作技术不宜采用辅导法教学。

（二）分解与完整教学法

1. 分解教学法

分解教学法是指根据动作的结构特点，将完整的动作分成几部分，逐段进行体育教学的方法。它适用运动技术难度较高、过程复杂而又可分解的运动项目。其优点是把动作技术的难度相对降低，复杂过程加以分解，便于学生掌握和突出教学重点和难点，还有利于提高学生学习的信心。分解教学法的分解方法主要按动作结构顺序或反序分，如体操的"低杠挂膝上"是由助跑、挂膝和挂膝上三个主要部分组成；可按动作技术结构顺序练习，助跑—练习挂膝—将助跑和挂膝上的动作串联；按学习难度分，如二步半上篮，可先教会原地投篮，再一步上篮，最后二步半上篮；按身体各部分动作分，如蛙泳教学，先教腿部动作（收、翻、蹬），再教头部动作（呼吸换气），最后教手部动作（划水）。

分解教学法使用要求有以下内容：

（1）注意动作相互之间的联系，划分开的段落不能破坏动作的结构，而且要易于连接。

（2）分解法要与完整法结合运用。分解法的主要作用在于减少学生学习中的困难，最终达到完整动作的学习目的。分解动作的练习时间不宜过长，避免形成单个动力定型，在教学时只要发现学生基本掌握即可与其他段落或部分连接起来进行练习。

（3）切忌为分解而分解。一些简单的动作，同学们很容易能学会，就不必进行分解教学。

（4）分解教学时要抓住动作重点与难点，有针对性地教学。分解后不必每个动作都花费大量时间去教学，通常只要加强重点和难点部分教学，其他则进行连续性整体教学即可。

2. 完整教学法

完整教学法是指对从动作开始至结束，完整、连续地进行的教学方法，它适用运动技术难度不高或者无法进行分解法教学的运动技术，如跳水、自由体操的空翻等运动技术等。完整教学法的优点是在教学中能保持动作结构的完整性，易于形成动作技术的整体概念和动作之间的联系。

完整教学法使用要求有以下内容：

（1）利用示范和慢速演示来帮助学生认识动作的方向、路线、节奏、速度等，建立动作的整体概念和表象。

（2）对初学者应利用场地器材设备来降低难度，待充分掌握动作技术后逐步提高难度，如跳高可通过降低横竿的高度来掌握过竿技术等。教学过程中结合动作要领描述进行教学。

（3）有意识地降低对动作质量的要求，如羽毛球选用球速较慢的球，篮球中的近距离投篮等，但这些降低要求以不能造成技术变形为限。

（4）通过技能迁移来帮助教学，如开发多样的辅助练习和诱导性练习等。

（三）探究与分组教学法

1. 探究教学法

探究教学法是指体育教师在教学过程中引导学生发现问题，并鼓励学生进行探索、研究性活动，使问题得以解决，学生从中获得知识和掌握技能的教学方法。现代教学教育理论要求培养学生发现问题、研究问题和解决问题的能力。新体育课程也提出学生主体性理念，强调培养学生创新能力。因此，探究教学法日益受到重视。

探究教学法使用的基本要求有以下内容：

（1）探究教学要有明确的目的性。在教学时提出要探究的中心课题或将要完成的任务，因为探究教学是为达成课程的目标服务的。

（2）探究教学法必须以学生的知识储备为基础。在教学前必须了解学生的基础，引导学生进行力所能及的探究活动。如果引导的探究问题过难，学生则不能通过探究活动去解决，甚至导致学生对学习失去信心。

（3）不能为探究而探究。体育新课程要求学生要转变学习方式，很多教师为了体现这一观念的转变，在教学过程中刻意安排探究教学，这种观点是错误的。

（4）对学生难以解决的探究问题，应加强引导、启发与鼓励，但不能包办。

2. 分组教学法

分组教学法是指在根据教学内容特点、学生情况或场地器材等客观条件要求，将学生分成不同组别进行教学的方法。在教学实践中，通常的做法是，将完整的教学班根据不同的分组标准，如性别、是否同质、水平、兴趣等分成不同的组别分别进行授课。分组教学根据教学需要，可分为分组轮换和分组不轮换。目前，在高年级开展得较多的分层教学法，也是分组教学的一种形式，只不过其分组标准是根据学生对教学内容的掌握情况来分的。分层教学往往分组不轮换。

分组教学的使用要求有以下内容：

（1）要根据教学内容和场地器材等客观情况进行分组，所分组别不宜过多。

（2）分组教学时要全面兼顾，巡回指导，条件允许的情况下所分组皆应在教师的视线之内（特别是低年级或自觉性相对差的班级）。

（3）分组教学安排教学内容时，教授新内容应与巩固旧知识同时进行，教学开始后先安排其他组复习巩固，教师重点关注新内容教学组，待学习到一定程度后，进行轮换。

（四）游戏与竞争教学法

1. 游戏教学法

游戏教学法是指根据学生心理和教学内容的要求，把游戏作为教学内容传授的主要手段来完成课堂教学任务，达成教学目标的方法。它的主要特点是寓学习于"玩乐"，从"玩乐"中学习，课堂气氛相对活跃、宽松，师生关系平等、融洽，因而是学生普遍喜欢的方法之一。游戏教学法具有提高学生的学习兴趣、活跃课堂气氛、提高学生活动积极性等作用。

游戏教学法的使用要求有以下内容：

（1）游戏的目的要求明确，游戏内容要为实现教学目的服务，不能为游戏而游戏。

（2）游戏教学法不能过多过滥，应配合其他教学方法使用，如热身运动或放松运动可以多运用游戏教学法，而技术性较强的教学则应运用其他教学法。

（3）游戏教学法更适合发展体能的复习课或综合课，而不宜于以技术传授为主的新课。

（4）游戏教学法虽然是所有年龄段学生都能普遍适应的教学方法，但是要根据学生的心理发展水平选择使用。

（5）教师应加强引导，帮助学生养成遵守游戏规则的意识和习惯。

2. 竞争教学法

竞争教学法是指根据学生喜欢竞争的心理特点，教学时通过发掘教学内容的竞争性元素，来提高学习兴趣与效率的方法。例如，在教学中，单纯的运球教学会使学生感到枯燥无味，兴致不高，如果在教学中加以竞争元素，如一对一的比赛、接力比赛等，学生的学习兴致就很容易被调动起来。体育课堂竞争主要依据学生争强好胜的心理特点，这种教学方法对培养学生的学习兴趣和坚强的意志有积极的意义。由于竞争形式具有多样性，因而课堂中的竞争也是多种多样的。

课堂中的竞争教学方法的使用要求有以下内容：

（1）由于课堂中竞争教学方法的依据是学生的好胜心理，因而选用该教学方法必须认真考虑学生是否具有这种心理特点。

（2）运用竞争教学法时应注意学生的心理体验。在教学过程中创设时机，如调整教学组等，让每个学生都有获胜的机会，都能获得成功的心理体验。

第二节　体育理念性教学方法

现代教学论是由多种理论基础组成，教学方法是由不同层次组成的。教学思想理念可认为是教学的"上位"。因为，任一教学方法都是教育思想理念的脚注，都对教学方法具有本质性、概括性和指导性的论断。为此，理念性教学方法是实现教学方法的立足点和出发点，是教师选择和运用教学方法的"指南针"和"导航器"。

教学方法渗透着教育价值判断的取向，任何一种教学方法都离不开价值理念性的指导。因而，理念性教学方法的构成是教育思想理念特定的内容体系与价值的综合反映结果。一定的理念支配着一定的行为，教育也不例外。教学方法的改革不能撇开教育思想理念，单纯就方法论方法，这样无论采取何种措施，都不能见到效果。只有把教学方法与教育理念统一起来去认识、去研究、去改革，教学方法在实践上才会有新的突破。从而得出论断，理念性教学方法是体育教学方法体系的构成与存在，是体育教学方法体系的组成部分。

一、理念性教学方法的概念与辨析

理念性教学方法是教学方法的准绳，属于教学方法的上位概念。其体现着各种不同教育理念流派的特定教育价值取向，规范着教学方法的设计、选择与实践方式的行为方向。将教学的思维和行为方式与运用程序和准则进行定位，为教学方法的应用设计提供有力的理论支持，是教学方法实施的重要思想基础。明确区分不同教育理念流派教学方法的行为的准则性、目标的针对性、实施的程序性、载体的模式性和内容的法定性。

行为主义教学理念强调外在刺激的强化作用，主张通过奖惩物的控制和安排来调动学生学习的需要。

认知主义教育理念注重学生内在的认知需要，主张通过增强教学认知的吸引力来激发学生的学习需要。

建构主义教育理念力求消弭教育将狭隘的理性和抽象的推理过程，视为完整人生的标准加以过分强调的弊端。其强调基于学习者自身经验和最近发展区主动建构过程的"情境""协作""会话"和"意义建构"的学习机制，把教推向学的新型学习方式，力求为教学发现更多的联合因素。

人本主义教育理念以其独特的哲学认识论，通过对人与世界的诠释，认为人有自我实现的内在需要和独特潜能，因而关注成功体验的作用，重视学习的自由感和成就感，注意发挥学习者的主体地位。

多元智能理论，深入了解了人类智能的本质，摆脱了传统智商理论的局限，为教育理论与实践带来了突破性的启示。人没有聪明与不聪明之分，每个学生都有自己的优势智能领域，每个学生都存在八种不同智能不同程度的组合，每个学生会以不同的方法来学习、表征和回忆知识。教学要认识、尊重和充分利用个体智能差异，应针对每个学生的不同需要而使用不同的教学方法。充分发挥每个人的智力潜能，最大限度地利用个体特征促进学习。根据学生的长处与短处致力于学生的整体发展。

由此可见，理念教学方法不仅是一种教育观，而且是人本观、社会观。一方面，它反映着教学是社会实践的决定性因素，即教学是社会有机整体的一部分，是随着社会历史发展而形成、演化和进步的，它与社会各因素之间具有复杂多样的关联性；另一方面，它表现出理念教学方法是一个特殊的观念表达，存在多种多样的社会性和文化价值性的取向，与人的存在形式和生活形式等都存在着复杂的关联，这些因素交织在一起对教学方法发挥着作用，内化于教学的实践活动之中，也体现在教学方法的选择与优化过程之中。

理念性教学方法不具有操作性，不能直接运用于学校各科的教学之中，而是通过影响教学主体的思想、观念，渗透到各科具体教学的设计和实施中。其宗旨和构想旨在使教师在教学设计时，能够在拟真教育情境中，面对复杂的教育问题做出选择和判断，生成文化自觉的元专业性的见识。它能帮助教师从不同的角度、不同的变量和因素去考虑看待教育教学问题。富有成效地思考和提升已有的教育经验，解决基于教师个体经验教学实践性的决定和决策。

这些教育思想概念体系，在教学发展的过程中，从哲学、社会学、文化学、教育学等领域都对教学方法与学生身心发展规律进行了深入探讨，逐步确立了其教学的基本原理与方法，对于改变教师的思维方式，推进教学的改革与发展，优化教学活动，促进学生全面发展，无不具有重要的价值。近年来，随着教育全球化浪潮的不断迈进，这些具有深远历史渊源的思潮向教育领域全面涌入。迫使体育教育工作者不得不对其与体育教育的关系，

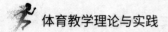

重新进行全面深入的研究探讨与思考，以揭示其对我国体育新课程教育与应用的启示。所以，对其进行驻足和研究是必要的和有意义的。

二、理念性教学方法对体育教学的影响与启示

我国新一轮基础教育课程改革对课程目标、结构、内容、实施、评价和管理进行了全面调整和定位。其观念之新、范围之广、力度之大，是新中国成立以来前所未有的，也是我国近代教育史上所少见的。可以说，这一新课程改革的形态不同于中国传统教育发展的逻辑，也有别于西方理论视野勾画出来的现代教育形态。其源于中国特色的改革和建设发展模式的勾勒，其源于当代全球化教育新路向的关联，使新课程改革正经历着一场"非古非西"的变革。

改革是有意识的前进，就目前体育新课程实施存在的问题状况来看，转变教育和教学的思想，清除头脑中原有的与新课程不相适应的观念，改变与新课程不相适应的教育教学方式和方法，有赖于教育理论的传播并促进教师对其深刻理解。由此揭示出如何让广大体育教师如同专业研究者一样，真切感受全球性的、国际化的教育理论，并将其纳入自己的知识体系，进而亲身实践这些理论，转变教育教学行为，应该说，这是摆在当前学校体育面前的一项重大任务。

教育改革既需要先进教育理念的指导，也需要成功的价值判断的支撑。改革是有意识的前进，有什么样的教学观、学习观就有什么样的教学行动。为此，以下选取一些与体育新课程教学有关联性且影响较大的教育理论价值判断，帮助广大教师加深对理念性教学方法的认识，回应新课程教改的要求。提升其适应性及专业性，促进教师专业化教学能力的发展。

（一）行为主义教育理念对体育教学的影响与启示

行为主义教育理念是 20 世纪教学理论的代表性学派。虽然它忽视了学习过程的开放性和学习中的交互作用，对学习者的内因、思想意识和情感意志也未得到应有的重视，孤立于只有知识学习方面的要求，显然是不足与片面的。但它的出现使学校课程教学设计第一次有了系统的、高效的评价方式。为教学组织行为及计划指标的构建、执行、沿用提供了诊断工具和程序；为如何"安排"教学提供了一系列的准则，使教学评鉴有所依据，至今仍是非常可取和不可缺少的。

1. 行为主义的学习观

行为主义学习理论认为学习的本质是行为的变化，即学习活动发生后，学习者要有可观察、可测量的外在变化。要让学生做出合乎需要的行为反应，就必须在行为发生后有强化性的效果。如果一种行为得不到强化，就会逐渐消失。在学习过程中加强练习和反复刺激，是促进学习效果的良好方式。教育是按照"刺激—反应—强化"的程序进行的，应将学习内容按照一定的逻辑顺序组合起来，引导学习者循序渐进地去掌握，所以强化训练是解释机体学习过程的主要机制。虽然行为主义理论由于过分推崇"学习行为"的量化效率性，忽视了"人"的学习价值，但其强调教学的效率性仍然是现代教学的出发点，也是体育新课程的旨归。"教育具有双重的功能，一是促进学生的身心发展，二是传递社会价值和知识。"①

（1）强调反复练习是体育学习的重要条件。强化是体育学习的重要基础。"刺激—反应"的学习原理与运动技能学习理论密不可分，体现运动技能形成和发展的过程，即泛化、分化、巩固和自动化的四个阶段，是一套"刺激—反应"的运动链联系系统。因此，要让学生做出正确的动作反应就必须在学习过程中适时地给予强化，而体育学习中的练习就是强化的重要表现。学生在最初观察和模仿教师的示范动作之后，还不能完整地掌握动作，只有通过反复练习才能强化正确动作，巩固刺激与反应之间的联系，避免动作记忆的消退和遗忘，最终建立巩固的、自动化的动力定型。因而，对其如何科学把握仍是体育新课程关注的重点。

（2）反馈刺激是增强教学效果、提高教学质量最好的方法。学生在练习中及时获得教师的反馈信息，会缩短学习的时间和过程，同时获得心理上的关爱。因而，通盘考虑体育教学情境的各种可能性，协调看待有关体育教学如何根据学习者的特征，提供支持交流的教学情境的选择，指明每一类学习结果需要的"适配性"媒介，为学习者提供精确的反馈就至关重要了。

2. 行为主义的教学观

行为主义教学观以"刺激—反应"说为理论基础。全部教学无非是一种训练—培养对某种刺激引起反应的过程。一定的成绩产生一定的反应，而联结刺激和反应的是知识。这种思想支配教、控制学，教学过程基本上是一种灌输，以生物化的解释，抹杀了教学的社会性。但它改变了前世纪教学主要凭教师个人经验与体会来指导，没有人来评教的弊端。

---

① 崔铮，曾清. 论行为主义理论对学生心理教育的影响 [J]. 文艺生活·文艺理论，2010（6）：78.

使教学不再停留于经验的推断而有了确凿的实证分析，增强了教学的精确性、可靠性，体现了现代教学有效性的精神，丰富了现代教学的理论方法。它可帮助教师充分认识到影响学生行为的各种因素，通过对因素的操纵，可以预防不良学习行为的发生，并引导其产生预期行为。

为此，这一思想对于综合改革教学内容、方法和形式，使学校体育教育、教学过程达到最优化，提高教学质量仍具有较高的科学性，可帮助深化对体育课教学本质与规律的认识。

第一，重视课程内容的范围和顺序的逻辑性，为系统教学做好了准备。

第二，预设了学习目标、学习方向和学习过程的教学策略与方法，保证了认知目标的实现。

第三，把时间视为有限的资源，以阶梯结构相互勾连，加以最大限度地利用教学要素的活动，不游离于浪费，保证了教学组织的最有效实施。

第四，为诊断教学行为的表现与预期达成的教学效果、提高教学质量与能力，提供了标准。

3. 行为主义的评价观

虽然任何教学的目的都需要结果的论断，但其只重结果不看过程，不管学习者的差异和能力，一考定结果是偏颇的。仅根据考试分数的指向表征形成评语，排除学习者的弱点是不完整的。同时，即使学习者再努力，分数不好即是差生，这样的观点没有从知、情、意、行整体考虑学习者学习的历程，割裂了知识学习与智能发展统一的教学目标的全面化。当前我们要走出位于窄化的微观学习的狭义评价理解和简单运用的思想，展开对学习评价方式更高的理论层次上的综合与概括，把学习评价问题的研究推向新的更高起点，使之与信息时代生产方式与生活方式相适应。

需要指出的是：第一，尽管行为主义教育理论有这样或那样的缺点，但是，正是其兴起点燃了教学成为科学研究的对象，为后人的研究奠定了基础。几乎后来每一学科的新发现和新理论都直接或间接支持了它的基本思想。在今天的体育教育中，仍然处处受到早期行为主义教育理论不可磨灭的影响，享用着它的指导作用。第二，虽然这一理论由于其历史局限性，学习的类型只能适用于人类机械记忆学习、联想学习等。但高级学习的前提条件是建立在低级学习基础上的，人的发展正是从低级学习走向高级学习的。

（二）认知主义教育理论对体育教学的影响与启示

认知主义教育理论是当今世界一种重要的国际性教育思潮。它产生于德国格式塔学派的顿悟学说，继而受认知心理学的影响驻足于知识与人的学习能力、认知能力的研究，使"如何教"的合规律性、合理性等教学论的一些基本问题得到认真探讨。根据受教育者的心理活动规律确立了教学过程和阶段、手段和方法。运用心理学成果及其实证为心理学和学校教育的结合开辟了道路，成为一种有效指导教育教学的理论。由于其只注重知识认知的记忆积累，把学习看成是信息的加工过程，虽然有利于教学内容与计划的完成，但这样的教学忽视了其他各种学习方式的存在，并把它推到了极端。把生动活泼的体育学习囿于认知领域，难以拓宽学生的视野，贯通时代创新的要求，抑制了学生主动性和创造性的发展。虽然后期奥苏伯尔、布鲁纳、布卢姆、加涅等人的新思想促进了从更多元的角度研究该理论，但其对"人"的缺陷还是存在的。

1. 认知主义的学习观

认知学习理论强调整体学习观，强调教学性创造情境引起学习者的反应，重视认知学习理论的操作性，关注目标的预期学习结果，突出了理论与实践的结合。但其较少考虑情绪、意志等因素对于过程的具体作用，把能力仅仅归结为大量有组织的知识。忽视了人的思维能动性的作用，这一点应引起注意。教师应把握认知主义整体教育观，例如，学习是认知结构的形成和改组，重视学生学习的迁移能力、主观能动性等教学设计，可帮助教师优化和提高教学水平。

（1）外部刺激的接受取决于学习者内部的心理结构，而不是外显的刺激与反应。这要求教师注意运用多样变化的学习情境条件，引起注意、引发动机，激活感受。不仅仅要"引起"，同时还要给予"维持"。这是引起注意的理想效果。如音调、手势、动作、表情，还可以通过提问、演示、图解等引发学生的兴趣，以达到产生警觉的目的。

（2）学习的基础是学习者内部心理结构的形成与改组。学生良好认知结构的形成，是从良好的教材结构同化过来的。要重视在旧知识和新知识之间设置中介的连接，启发思维，由此及彼，同化新知。

（3）不平衡的原则，即个体认知结构进行学习不成功，则会导致结构失衡。因此，教师应当善于创设问题情境挑起冲突，使学生利用已有的知识、经验和能力解决问题时产生观念上的不平衡，同时学生能够较为清楚地看到自身已有知识的局限性，从而努力通过学习活动达到新的、更高水平的平衡。在教学中要为学习者的主观能动性创造情境，使学习者作为一个积极的参与者出现。

（4）迁移的原则，新的认知结构会受到以往认知结构的影响。学习材料既要以归纳序列提供，又要以演绎序列提供。在学习过程中要注意掌握一般原理构造合适的问题情境。

注意培养学习者的认知策略以及认知的能力。

2. 认知主义的教学观

认知主义教学观反对行为主义教学观限于直悟"刺激—反应"的积累和学习就是行为改变的结果。强调对教学内容认知逻辑的教法加工；强调对学生学法、认知思维水平的组合。其"发现学习理论""有意义的学习"等理念打破了长期以来追求高效率学习与对人的呼唤之间的矛盾、传授系统知识与学习兴趣之间的矛盾。较为契合21世纪教学论发展的时代精神，从中可窥见新世纪教学论解放人的基本特质。

根据认知学习理论关于学习的基本观点，可以归纳为：①要使学生学会学习，就要注意培养学生学会学习的策略，以及认知能力；②用直观的形式向学习者展示学科内容结构，应该让学习者了解教学内容中涉及的各类知识之间的相互关系；③学习的材料要以归纳序列提供，又要以演绎序列提供，应适合于学习者认知发展水平，按照由简到繁的原则来组织教学内容；④学习以求理解，才能有助于知识的持久和可迁移；⑤向学生提供认知反馈，可以确认他们的正确知识和纠正他们的错误学习；⑥学习材料应体现辩证冲突，适当的矛盾有助于引发学习者的高水平思维。

3. 认知主义的评价观

认知主义教育理论揭示了学习过程的某些机制和具体过程，对于处理体育学习的认知性内容可给予极大的指导，是教师必备的知识。但它却脱离了社会实践来研究人的认识活动，把学习归结为单纯的心理过程和意识系统，把人的认识活动归结为纯粹的认知行为，甚至类比或等同于计算机对信息的机械加工，从而表露出其片面性。

事实上，人的一切自觉能动的活动都应是认知、情感、意志三个子系统协同配合的结果。在体育学习中，学生的学习不仅表现在认知方面，还表现在动作技能、情感、态度等方面；学生的学习不仅受学习者已有认知结构和内容逻辑结构的影响，还受其他主客观因素（如个人的情感、意志、个性、自然环境和人文精神等）的影响。

因此，在体育教学中，不能把学生的学习只聚焦在认知上，而忽略其他非认知因素。虽然存在一些不足，但认知主义教育理论所发挥的作用，对体育及教育和教学改革的引领地位是不容否认的，至今人们对认知主义教学模式依然兴趣盎然。

(三) 建构主义教育理念对体育教学的影响与启示

建构主义理论是20世纪80年代以后兴起的，是当今世界一种重要的国际性教育思潮，对世界各国的教育产生着重大影响。建构主义是继行为主义和认知主义以后的进一步发展。与行为主义和认知主义相比，建构主义更加关注学习者如何以原有的经验、心理结构和信念为基础来建构自己独有的精神世界。建构主义教育理念是新课程的支柱，其把教推向学的理论，深深影响到学校教育的各个层面，其教师地位与作用看法，对我国新课程教育教学影响较大，其思想和主张已深深地渗透于我国新课程之中，指导着教师的教育教学。"建构主义学习理论认为，知识仅是一种解释，但具有动态性；学生是学习的主体，学习是学生主动建构知识意义的过程。"① 建构主义教育理论有以下理念方法，可帮助教育工作者在教学中发现更多的联合因素，体会"为学习而设计"的可行性和有效性，使其成为拥有新课程知识"财富"的人。

1. 建构主义的学习观

关于学习的含义，建构主义认为，学习是获取知识的过程，但知识不只是通过教师传授得到，而是学习者在一定的情境即社会文化背景下，借助其他人（包括教师和学习伙伴等）的帮助，利用必要的学习资料，通过意义建构的方式而获得。学习是学习者在学习过程中（"情境""协作""对话"和"意义建构"的学习环境），产生一种与人、事、物的互动或接触，这种互动是一种内化建构的过程。这意味着学习是主动的，学习者不是被动的刺激接受者。外部信息本身没有意义，意义是学习者通过新旧知识经验间反复的相互作用过程建构而成的。

2. 建构主义的教学观

建构主义强调，学习者并不是空着脑袋走进教室的。在日常生活中，在以往的学习中，他们已经形成了丰富的经验，小到身边衣食住行，大到宇宙、星体的运行，从自然现象到社会生活，他们几乎都有自己的一些看法和主张。有些问题即使他们还没有接触过，没有现成的经验，但当问题出现时，他们往往可以基于相关的经验，依靠他们的认识能力，形成对问题的某种解释，做出合乎逻辑的假设。所以教师不能无视学生的这些经验，而要将学生现有的知识经验作为新知识的生长点，引导学生从原有的知识经验中"生长"出新的知识经验。

3. 建构主义的评价观

由于建构主义强调认识主体在知识获取过程中的主动性、独特性和社会性，所以建构主义认为，教学评价应该在活动中进行、在任务中进行、在表现中进行、在协商中进行、在合作中进行。应给学习者一个具体、生动的印象，应通过各种形式将上述各种评价情境

---

① 李宝峰. 论建构主义学习理论视野下的创新教育 [J]. 教育探索, 2005（8）: 16.

中的活动式、任务式、表现式予以加深。其理论基础是来自建构主义的认知弹性理论。认知弹性理论倡导随机访问教学，而活动式评价由于具有多样性和灵活性，能较好地适应这种教学形式，同时，它能够充分展示学生的个性特征、能力特征和学生的认识过程，是一种非常有效的学生作业评价方式，也是新课程倡导的。

建构主义教学设计模式关注教学活动中学生的主体性作用，强调学生面对具体情境进行意义的建构，这相对于具有客观主义特点的行为主义教学设计模式和认知主义教学设计模式是一种进步。它使人们重新认识了学习的性质、教师的作用和教学的本质，重新认识了现代化、信息化、全球化时代教学的目的、任务和方法，为改革传统教学带来了良方。这是一种极具魅力的教学设计模式，其广泛实施将是一场学习的革命、教学的革命。当然，这些模式还处在不断的争论、发展和完善中，需要研究和思考的问题很多，实施中的挑战亦不可低估。同时，这些模式中过于强调学习者的经验、否定教师主导作用的倾向是不可取的，要坚决予以否定。

（四）人本主义教育理念对体育教学的影响与启示

人本主义学习理论产生于20世纪70年代，以马斯洛、罗杰斯为代表，也是后现代教育思潮的一部分在教育领域的反映，是在人们为了使教育适应"后工业社会"，对教育的"现代性"进行深刻反思的基础上形成的。以人本主义心理学为基础的人本主义教育理论认为，人生来就有学习的潜能，学生是学习的主体，弘扬个性学习力的培养。倡导学习的关键在于使学习具有个人意义，现代社会中最有用的学习是了解学习过程，促进认知和情感的统一，以便培养出完整的人。

1. 人本主义的学习观

人本主义学习理论认为，学习是人固有能量自我实现的过程，学习的实质在于形成和获得经验，学习过程就是经历的过程。因此，应从人的直接经验和内部感受来了解人的学习行为。学习是发挥人的潜能、实现人的价值的过程，在这个过程中，学习者的自我参与、自我激励、自我评价和反思具有重要作用。

2. 人本主义的教学观

人本主义教学观主张尊重学习者的本性与要求，主张教学的职能是使人充分地培养成为名副其实的人，而不只是提供人力资源，教学的价值就在于为每个学习者提供真正有助于个性解放和成长的经验，教学要重视人的存在，强调学习的内部动机基础。反对那种教学过于强调外力的塑造和教师的权威。注重人性化教学，强调以学习者为中心的教学、陶冶情感的教学、成就感教学、安全感的学习气氛。这种价值观强调学生的自由与独特性、整体性、自我指导性，认为学生自我学习的理智训练、心智的发展和完善比理性知识的目的更为重要，人格的陶冶比知识的掌握更重要。这种强调学生个体自由发展的教学价值观，与强调满足知识需求的教学价值观相比，给了学生以自主的人的地位，学生已不再被当成是为适应外在的目的而被训练的对象，而是在学校和教师的帮助下，完成一定阶段上自我实现的人。

教师要尊重学习者的兴趣和爱好，尊重学生自我发展的需要，在教学内容设计上给学生充分的自由，允许学生根据自己的兴趣和爱好以及自我理想来选择有关学习内容。

3. 人本主义的评价观

人本主义评价观认为，用测验成绩的记录表明学生学业等级作为绝对标准，有利于选拔优秀生，淘汰差生，对教师了解学生的差异情况也是有利的；但易使差生破罐破摔，偏离学校教育的目的。实行多种水平评价可改变这一现象，从某种程度上讲多种水平评价不仅使优秀学生看到自己的潜力，也可以使差生发现自己有进步，以便不断向标准靠近。同时可激发家长配合学校给予必要的鼓励和帮助。符合教育评价的目的是促进学生的发展。被证明失败的学业评价不但不能激发学生努力，只会强化这种不良后果再度发生。这违背了基本规律和因材施教的原则。

人本主义价值观所反映的，是人们站在不同的立场上对教育的不同看法。从 19 世纪中叶一直到现在，造就"完整健全的人"与"满足社会的需要"两种课程教学价值取向一直处于矛盾中。教育在当代社会受到重视的最根本原因，是它对社会发展尤其是经济发展所具有的巨大的促进作用。因此，社会本位的价值取向大行其道并不令人感到意外。但是任何事情都有一个限度，在为追求经济发展的目的而忽视学科的自身逻辑，并且在教育中日益压抑人性的发展激起人们的反思。人本主义价值观的出现，提醒人们开始重新重视课程的学术价值与教育的人文价值。

如今人本主义教育理论已成为国际发达国家基础教育课程改革的主旋律，主体教育、全纳教育已经成了现代课程教学价值取向演变的趋势。但人本主义教育过于推崇自我学习，间接否定教师的主体作用，遗忘了学生的知识是在教师引导下形成与掌握的。学习若失去了教师，也就失去了教育的本质，失去了学生发展的内在依据，因此是不足的，应坚决反对的。

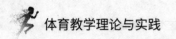

第三节　体育原理性教学方法

一、原理性教学方法的概念和辨析

原理性教学方法是人们将教育思想应用于课程实施领域的一种指导性方法取向，是解决教育哲学思想、教学规律、教学方式与教学实践链接的问题，是教育思想与学校课程实施之间发挥中介作用的方法，是教学普适性的方法和技术。它上接理念性教学方法的指导，下接学校不同课程的教学内容，其目的是尝试说明产生优质教学方法的某些基本条件，对各种教学方法应用的可能性做比较分析，努力展示有成效地运用这些程序的条件、范围和广度，力求多侧面揭示方法本质的出发原理与相对性，弄清各种教学方法的本质和教学过程的职能。

二、体育原理性教学方法的建构与运用

按照教学方法的媒介特征、功能和学生学习活动的特点进行分类，原理性教学方法应属于教学策略的范畴。可分为：行为主义原理性教学方法、认知主义原理性教学方法、建构主义原理性教学方法、人本主义原理性教学方法。

（一）体育行为主义原理性教学方法

行为主义教育理论强调"刺激—反应"作为行为的基本单位，学习即"刺激—反应"之间联结的加强，教学的艺术在于如何安排强化，教学的目的就是提供特定的刺激，以便引起学习者的反应，所以教学目标越具体、越精确越好。以下理念可为体育新课程提高教学媒介、教学方法的效率，为促进教师在特定的时间内完成更多的教学任务，学生能学到更多的东西提供策略与指导。

1. 学习就是塑造行为，外部激励能够推动学习力的发生。教师要掌握塑造和矫正学生行为的方法，为学生创设一种环境，尽可能最大限度渲染激励鼓动，强化学生的优良行为，消除不良行为。例如，对学生出现的好行为及时给予各种形式的强化，如赞赏、表扬、榜样示范等，就会使学生保持这种行为，消除不良行为。

2. 学习者的行为受到环境因素的影响。行为主义认为，强化行为、改变行为的主要

动力，是有机体"操作"环境的效果。学习是学生与其环境之间相互作用的结果。例如，对于困难学生的学习，运用"成功教学模式"情境。可把学习目标分解成低起点、小步子等，并且一个一个地予以强化，帮助学生尽可能做出正确反应，使错误率降低到最小限度，从而提高学习效率。视听并用所取得的效果远远大于纯视觉或纯听觉。多种感官并用，学习效率最高。

3. 学习结果的形成主要依靠强化。通过强化练习正确反应，消退错误反应，才能提高学习效果；经过多重强化和连续强化可以把有效的行为保持在一定强度的水平上。在学习过程中加强练习和反复学习，是促进学习效果的良好方式。一种复杂的体育技战术的学习需要通过一系列"刺激—反应—强化"才能实现。教学策略的选择与应用，可以采用由易到难、由简到繁，逐步逼近、累积的方法；从单一的练习由低到高逐步递进到综合练习而成。

4. 学习行为不予强化，则反应就会减弱。例如，教师在课堂上让一个学生做运球上篮练习，学生做得很好，教师就可以竖起大拇指表扬"很好、真棒!"那么教师的笑容和评语就会强化（加强）学生行为。学习效果的反馈能够加强学习的机制，要求教学时教师需要综合考虑以下因素：

第一，在学习动作技能时，对于学习者不论正确或错误的反应都提供适当的回馈，是增进教学效果的最关键因素。

第二，在技能初期练习时，教师应将注意力集中到能够提高技术动作的规格指导中，在尽可能的情况下，通过不断地指导和提供适宜的反馈信息来引导学生练习。

第三，在技术动作有所提高的情况下，教师应随之提高反馈策略和水平。如技能学习初期阶段讲授粗略动作要领，动作中期提供反馈指导精细动作要领。教师对动作技能关键、要点的详细分析，应在学生初步掌握动作技能后进行，而不是在初学阶段。

第四，简单动作的练习应尽可能地接近完整的技术动作，而不是对技术动作施以人为的影响。如为了使动作完成得准确而降低动作的速度，练习过程应在模仿完整动作或测验的条件下进行。

第五，根据记忆规律，过度学习达150%，保持效果最佳。技能学习后期阶段应采取密集练习，保持良好的质量和持续的时间，以便于技术动作的提高。

5. 科学的教学控制和测量有利于体育学习行为的形成。比如，体育课教学密度和负荷量的指数在1.5~1.8较为合适。再如，组织练习内部各要素、各成分、各部分之间的组织形式与时间的衔接。又如，运动技能的应答行为的输入（接收和分析信息）、中间过程

（控制和决定）和输出（运动）的教学历程控制。对于教材的学习来说，最开始学习的动作保持的时间最长，其次是最后学习的动作，中间学习的动作保持的时间最短。又如，有效的教学指导需要有严格合适的参考标准，需仰赖教学控制和测量的设计，反馈教材的逻辑性与教学组织的步骤性。

教学设计在确定学习目标、分析和组织学习内容、选择教学方法和媒介时，要注意对时间和空间、组织顺序的各种因素进行科学的"排列"和"组合"。比如需要确定哪些教学环节、各个教学环节占用多少时间，应用教学媒介和教学方法进行教学活动时，能否发生互动，是否有效、易行，是否适合学习、支持学习，是否体现科学性、整体性、协调性的理念。

（二）体育认知主义原理性教学方法

认知主义教育理论强调学习是认知结构的建立与组织的过程，重视整体性与发现式学习。其代表有布鲁纳的"发现学习理论"、布卢姆的"教育目标分类学"、奥苏伯尔的"认知同化学习理论"、加涅的"信息加工理论"等，这些理论已成为体育新课程改革的支柱，在今天体育新课程的教育实践中发挥着越来越重要的影响。认知主义教育理论有以下经典理念性方法，可帮助教师提升认知视角，确定教学策略，完善教育教学方式和实践指南。

1. 发现学习理论

发现学习理论以关注"学科结构"为开始，以"发现问题"为逻辑，以"解决问题"为手段，以诱使学习者由"被动接受"知识转化为"主动发现"知识的积极学习体验为目的。其方式主要是培养学生在完成学习任务时的（主动性、探究性和合作性）三个基本行为和认知取向。

"发现学习理论"在体育教学中实施的目的，就是改变传统体育学习偏重机械记忆、浅层理解和简单应用，立足于被动接受教师所传授的体育知识、技术、技能，利于培养学生学会生存、适应社会和实践能力。

发现学习理论的教学法特点：强调学习过程、强调直觉思维、强调学习动机、强调知识组织的方式。发现学习理论体育教学的组织实施步骤包括：创设情境、提出问题、发动引导、传授策略、开展研究、得出结论，展示交流、评价反思等。

需要注意的是：①强调发现学习，在教学过程中不能偏离"以身体练习为基本手段"的基线，务必使学生理解该学习的基本结构。②注意及时反馈，保持目标的指向性，防止放任自流；注意强化时机，即在什么时候给学生提供反馈指导信息；注意强化条件，即在什么条件下，达到目标所需要的知识水平；注意强化方式，即用什么方式编制教学程序。③一个教师不可能仅用发现法来教学，一个学生也不可能仅凭发现法来学习，要注意与其他教学方法相结合。

2. 掌握学习理论

掌握学习理论主要包括两方面的目的：一是使大多数学生能够掌握教师所教授的内容，二是为教师找到"为掌握而教"的手段。掌握学习理论的教学策略如下：

（1）给学生第二次机会。其指导思想就是用个别指导与矫正来弥补集体教学的不足。方法是采取诊断—矫正的办法。通常是把教材分解成时长为 1~2 周的单元，在教学过程中每个学习单元之间要进行评价，通过这种评价发现并弥补群体教学中的学习误差，了解每个学生尚未学会的东西，以改进教学过程。在具体方法上，采取在每个单元完成之后进行"诊断测验"的方法，发现学习中存在的问题，对于未通过测验的学生，由另一位教师有计划地做与第一次不同的讲解，一直到他们掌握有关教学内容为止。这种方法被称为"给学生第二次机会"。这种教学与评价方法不仅使得大多数学生对所学知识达到掌握的水平，更重要的是使他们获得有效学习的自信心，这将为学生进一步学习奠定坚实的基础。

（2）优等生和中差生配对进行学习，相互纠正错误。最有效的纠正程序是让优等生和中差生配对进行学习，相互切磋。不但可让学生在小组中相互发现错误，同时这样的训练，不仅对"补救生"有益，而且对"优等生"也是有益的。一般每个小组的人数最好是 3~4 人，检查错误的时间为半个小时左右。

（3）教学的计划性。掌握学习具有很强的操作性，可以按照步骤实施：①教师要尽力为学生找到适合的教材；②找到能够为学生提供适合的学习方法的好教师；③在学习时间上因人而异；④在每一个单元开始时应给学生提供学习内容、时间安排以及单元学习结束后所要实施的测试项目，让学生有计划地为测试及早做好安排。

综上所述，为实现这一目的，教学必须十分注意学生的个体差异，并以此制定出相应的教学对策，因人而教，这是总体原则。

3. 教育目标分类学

教育目标分类学被认为是 20 世纪影响最大的教学理论之一。教育目标是组织教学、课程编制和教育评价的基础。因此，对教育目标进行精心设计是掌握学习理论实施的基础和关键。所有智力上的成就目标（或教育目标）可以简单地分为五类：主题知识、与主题相关的专门技能、表现能力、成熟思想和行为习惯以及构成学校智育目标的理解力。其中：主题知识包括明确内容、增加学生理解力的规定与建议，这是教师要教、学生要学并最终运用到真实情境的东西；专门技能是那些与主题相关的具体能力；表现能力是指学习者潜在的能力和学习构成中整合的表现力。

因而，可把全部教育目标分为三个不同领域：认知领域、情感领域和动作技能领域。按层次水平由低到高划分为六个类别：知识、领会、运用、分析、综合和评价。每一类别下面又包括一系列亚类。整体目标不再聚为一团，而是分化为可以操作的具体目标。一般的教学目的便和实际教学活动联系起来，教学活动目标具体了，教学评价也就有了依据。我国新体育课程目标的设计与编制都是在对其汲取下而形成的。

（1）目标（总目标）要体现出学习内容的维度和行为表现。例如，体育与健康课程的学习目标采用综合取向模式描述内容标准，分为结果性目标和体验性目标两大类。前者指向学习活动预期应达到的标准，用于"运动技能"和"身体健康"学习领域；后者指向学生心理感受、体验和情感教学的表现描述，用于"运动参与""心理健康"和"社会适应"学习领域。

（2）目标要推论出需要给定学习者的认知形式与结果。例如，《体育与健康课程标准》采用的是一种综合的课程学习目标取向模式。根据体育与健康课程的实践性特征和体育知识、技能的操作性特征，将学生通过课程学习应达到的目标表示为层级结构，分三个层次，即学习领域、学习科目和学习模块。

（3）目标要给出评价教学任务的样例与类目。例如，新课程体育教学目标的拟定方式分列为展开性目标、表现性目标、行为目标三个维度，通常被直接称为"三维教学目标"，即知识与技能，过程与方法以及情感、态度与价值观三维目标。只有实现三维目标有机整合的教学才能促进学生的和谐发展、优质发展，缺乏任一维度的教学都会使学生的整体发展受损。当然，这并不意味着三维目标对人的发展是等值的，教师要从不同学科、不同学段、不同学生基础背景以及教材等课程资源特点的实际出发，以灵活多样的方式整合三维目标。而不是直接把三维目标一起当成不可变化的具体教学设计乃至教学评估的依据。

根据这种见解，三维目标可分为三个领域：情感、心理运动和认知。情绪发展和社会性发展目标属于情感领域，心理运动目标包括操作和运动技能的获得，学生心智和理解的发展目标属于认知领域。

情感领域目标要考虑到学生自我概念、个性成长和情绪的发展，它涉及学生的态度和价值观。在这一领域教师关注的是帮助学生弄清个人与社会的关系。

心理运动领域与肌肉技能和协调能力的发展有关。这一领域包含的目标是运动技能和技战术的掌握与形成。虽然每一种心理运动任务中都渗透着心智能力，但其主要的焦点是发展操作的技能而不是心智能力的增长。

认知目标集中在个体智能的增长。它既包括各项运动基本认知能力的获得，也包括更高要求的目标，例如解决问题的能力、识别关系的能力、检查原因和结果的能力，以及其他一些被称为理解的能力。学校体育中最基本的外在目标主要是在这一领域。

4. 认知同化学习理论

使有意义学习得以发生，认知同化学习理论认为必须具备两个条件：其一，学习者表现出一种把新学习材料同他了解的知识建立非任意的、实质性联系的意向；其二，学习任务对学习者具有潜在意义，即学习任务能够同学习者的知识结构联系起来。

促进有意义学习的设计和编排应包含两大原则：逐渐分化原则和综合贯通原则。贯彻这两大原则的策略为先行组织者教学策略。先行组织者是指在安排学习任务之前呈示给学生的引导性材料。其主要功能是，使学习者能够有意义地接受、学习新材料之前，在新旧知识之间架设起"桥梁"。该模式由三个阶段组成：呈现先行组织者、呈现学习材料或学习任务、增强认知结构的组织。例如，学习者没有上过网球课，为保证教学的良好实施，教师须提前安排学习者先行了解学习新材料，建立新旧知识之间的联系。这有些类似我国传统的课前预习，但我国传统的课前预习没有其科学的系统性。

综上所述，认知同化学习理论对教学设计理论、学习模式取向的转变有很大的影响，是教师必备的知识。在体育课程与教学中的意义在于，改变了传统"严明"的接受式课堂教学环境，将教学推上了有意义的开发和设计的轨道。为体育教学开启了"选项"学习的先河，以及分层施教设计的先河。

先行组织者逐渐分化、综合贯通等原则和方法，有助于教学内容的设计和教学序列的安排，适合学生认知结构的组织特点，促进了学生对知识的学习、保持和运用。对教师理解自主、合作、探究的学习方式，帮助教师转变观念，充分认识各种学习方式的重要性和必要性，积极主动、创造性地组织实施各种学习，走出学习的误区有积极的意义与作用。

5. 信息加工理论

信息加工理论对体育教育教学的影响与启示如下：

（1）从信息性角度（教学信息传播的形式与途径、干扰与确定）对体育教学技能习得的长期含糊不清的许多心理行为概念做出明确解释。在体育认知过程中，外部世界给予主体适宜的刺激就可激活学习者内部大量积极潜在的学习认知。所谓教学，意味着精心合理地安排一系列外部事件（教学活动）以支持学习的内部过程。在一堂课中，有一系列活动作用于学生，使他们能在知识、技能等各方面由此及彼，从一种心理状态进入另一种心理状态，从现有基础进入到用其学习成就证明的目标水准。各种外部活动组合在一起，这就是"教学"。

（2）从学习层级理论（由低级到高级八类学习）阐清了认知、情感和动作技能三个领域在体育教学的关系，提出了每一类有效学习的性质、条件以及它们教育的含义。从信息加工的视角来看，任何一个单一的学习动作，都有其起始和结束，在一个学习动作发生的历程中，进行着许多不同的加工（或转换）。加工可以是依次有序地进行，也可能是两个或更多的加工阶段同时进行，平行影响。

（3）从一个维度学习结果的类型与另一个维度每类学习的内部条件和外部条件，阐明了体育学习与教法之间的联系，提出了创设不同教学安排的设计原理与方法。可为新课程设计提供有益的借鉴与参考，极大地促进了体育学科内容的研究和课程设计。

（三）体育建构主义原理性教学方法

建构主义思想和主张已深深地渗透在我国新课程之中，指导着我们的教育教学。建构主义教育理论有以下理念性方法，可帮助教学发现更多的联合因素，体会为学习而设计的可行性和有效性。

1. 学习不是由教师把知识简单地传递给学生，而是由学生自己建构知识的过程。

第一，学生对于教师所讲的内容有一个"理解"或"消化"的过程。学生在先前的学习活动和社会生活中，已经掌握了一定的体育知识和思维模式，因此，"理解"就并非只弄清教师的"本意"，而先是学习者依据自身已有的体育知识和经验对教师所讲的内容做出"解释"，从而形成对自身有意义的建构"创造性的理解"。因而，体育学习活动就是通过学生自身主动的建构，使新的学习材料在学生头脑中获得特定的意义，从而在新的学习材料与学生已有的体育知识和经验之间建立实质的、非任意的联系。

第二，由于学习是学生主动的建构活动，不是对知识的被动接受，因此，教师不应仅成为"知识的授予者"，而应成为学生学习活动的促进者。在教师主导学生主体的理念下，教师应驻足了解学生真实的思维活动，发挥"引路者""启发者""伙伴者"和"示范者"等多重角色，使学生感到"有趣""有用"，从而调动学生的学习积极性。促进学生主动建构，帮助学生更好地掌握体育知识和技能，养成终身体育习惯。

2. 教师必须为学生的学习活动建构一个良好的学习环境。体育学习活动这一主动建构过程，必然受到教学媒介和外部环境的影响，教师必须根据教学对象、教学内容和教学环境的具体情况在开始新的学习活动前，注意帮助学生获得必要的经验和预备知识。同时，在组织上，教师还应当努力培养出好的"体育学习共同体"，即每个人都得到应有的尊重和理解；提倡开放性、不同设想不同见解的充分交流，乐于进行自我批评，善于接受各种合理的新思想的一种平等、互动的关系。

3.教师必须高度重视对于学生错误的纠正。学习也是一个"同化与顺应"的过程，并非知识的简单积累，纠正学生的错误在教学中具有十分重要的地位。不仅是帮助学生明确错误原因，同时要看到学生的错误不可能单纯依靠基本的示范和反复练习得以纠正，还必须有一个"自我否定""自我反省"的内在"观念冲突"作为必要的前提。因此，有效帮助学生纠正错误，教师应注意提供适当的外部环境来促进学生的自我反省并引起必要的"观念冲突"。

4.教师应充分注意学生建构多元化的特征。由于认识活动是主体主动的建构，学生建构会呈现多元化特征，表现出一定的差异性或个体特殊性。即使对于同一体育学习内容，不同的个体由于知识背景、学习经验和思维方法等方面的差异而可能具有不同的学习过程。教学不能仅停留于对共性的普遍认识，还应更为深入地去了解各个学生的特殊性，并在教学活动中真正做到"因材施教"。

（四）体育人本主义原理性教学方法

人本主义提出，教育的目的是培养人格健全、和谐发展和获得自由的"完人"。这样的"完人"，首先，多种多样的潜能得以发挥，表现为各个层次的需要得以和谐实现；其次，情意发展与认知发展的和谐统一，包括情感、感情和情绪的发展，认知理智和行为的发展，以及情意、感情与理智、情绪与行为发展的统一。为了实现人本主义的教育价值和目的，需要建立和实施并行课程（知识课程、情意课程和体验整合课程）、组织意义学习作为教学的基本动力。意义学习理论具有两种类型：一为无意义学习，比如无意义内容的学习，这类学习只涉及心智，不涉及情或个人意义，与"完人"无关；二为意义学习，是指一种使个体的行为、态度、个性以及在未来选择行动方针时发生重大变化的学习，这不仅仅是增长知识的学习，而且是一种与每个人的各部分经验都融合在一起的学习。

这一具有新视野的理念性方法的思想，可以在教学中体现"自由学习"的教育思想，把握自由学习的度、自主学习的量，从人文性的角度看待教学、思考教学。现把意义学习理论的基本观点整理如下：

1.人性有一种天然的学习倾向。人性具有天生的自然性行为（个体情感、意志、愿望、合作意识、创新精神和实践能动性）与表现形式（学习态度、情感态度和价值观），教学与学习应尊重人性的这一重要表现形式。人作为主体，其人格理想是自然性、社会性与自主性的健全发展。作为培养人的学校体育，其价值取向应定位在这种理想人格上，谋求人的伦理精神、审美体验和求真意志的统一，促使体育教学实现这种价值取向成为可能，要关注适宜学生个性"学习"的多元方式，多元智能的开发，情感、意志的发展，健全人际关系的形成，自我认识的提高，实现有利于塑造完整的人的教育。

2. 意义学习通常是在学生认识到学习材料与自己的目的有关的情况下出现的。当学生看出他所学习的东西能够保持和发展自我时，他就会进行意义学习。对学习的意义理解不同，会影响到学习的方向、质量和速度。着眼于学生学习自然性之发展的体验，不只是指引学习认识、控制与利用，更是为了使学生在精神上与自然融为一体，发展学生的自然体验，谋求人与自然的和谐发展，为学生自我体验创造机会。"体验"根植于人的精神世界，着眼于自我、自然、社会之整体的有机统一。

3. 许多意义学习是通过学生的实际活动进行的。学生是学习的主人，他们能对教育影响加以选择，而不是无条件接受。纯技术纯方法化的体育教学程序和学习，是不可能让学生做学习的主人，落实发展个性的自我实现，达到"解放"教学目标"授人以渔"的体验。为此，在教学与学习的表现形式上，要关注从学习与行为、学习与认知、学习与发展、学习与生理、学习与动机的不同层面的创设，展现多种不同的智能情境和学习情境，以此为依据选择和设计适宜的教学内容和教学方法，才能完成新世纪赋予学校体育的形式教育与实质教育的统一任务。

4. 学生的自发学习（包括他的认知活动和情意活动），往往是最持久和最深入的学习。自发学习的关键是获得学习的自由。学生学习的有效性增强，学习效率就高；学生学习的自信心增强，学习的热情就高。

5. 凡是引起自我概念变化的学习往往对个体是一种精神威胁，因而容易遭到拒绝。其中，自我概念是指一个人的价值观、信念和基本态度。人总是力图使自己的认知协调一致，不自相矛盾。当学习者发现某种新知识与自己已有知识矛盾时，就会产生认知不协调。由于焦虑程度的驱使，沮丧的学习体验会导致学生缺乏自信心，丧失继续学习的愿望。未来的社会形式是多方面的，生活选择的路向也是多方面的。因而，一是在制订教与学授课计划时需要考虑多种安排方式；二是在目标确定方面，应做出高、中、低三种目标；三是学习目标的达成应考虑多种可能性，有的完全达到，有的则是部分达到，有的仅仅是为了打基础。从而使学生产生一种内在的学习需求，自觉投入到学习活动中。需要指出的是，强调学习有难易区别和针对性，这样做并不是意味"放弃"，而是要因材施教，使大多数学生在进行下一步教学之前，都达到要掌握的水平，为学习不断开辟道路。

6. 意义学习在当代多变的世界中应是对学习过程的学习。通过意义学习的实施，着眼于学生社会性之发展的体验，不只是为了认识社会的发展规律，以有效控制与驾驭社会，而是为了使学生在精神上与社会融为一体，发展学生的社会体验，形成学生的合作、同情、理解、关爱等诸种主体意识。着眼于学生自主性发展的体验，尊重并提升学生的个性、自我知识，特别是要让学生清醒地意识到自己作为一个学习者，同样也是知识与文化的创造者。让学生在自我反思、自我体验的过程中，实现自主性发展，实现作为一个社会人需要的科学、道德、艺术的统一，这不但能提升自然、社会、自我每一个方面的存在境界，而且能促进学生自然性、社会性、自主性的健全发展。

第四节 体育操作性教学方法

一、操作性教学方法的概念和辨析

操作性教学方法是学校教育各门课程独有的具体教学方法的总和。每种方法具有的特性，只适用于特定的科目学习与固定的程序和方式。具有"方式的具体性""内容的特定性""程序的稳定性"和"应用的可操作性"等特点。

落实在教学行为和手段上的具体方法，或者叫"学科具体教学法"。学科具体教学法与特定的教学内容相聚合，它具有相对固定的教学程序，运用于一些特定的教学方式和手段。诸如讲授法、演示法、练习法、游戏法、竞赛法等。学科具体教学法使用的合适与否，与教学内容的契合程度存有关联。要注意两方面：第一，方法本身的合理与否，比如分散练习法用于新授课教学上可能会不合适；第二，方法使用的合适与否，比如发现法用于复习课教学上可能也不一定合适。因为，每种方法都有其优点和缺点，当一种教学方法产生合适的效果时，它就有效，反之就无效。

二、体育操作性教学方法的运用

（一）行为主义教学策略

程序教学模式是行为主义教学的经典，对世界教育产生过深刻的影响，至今仍被教学使用，其教学方案有很多特色值得我们学习、领会、选择运用。程序教学的过程是，把教学内容根据学习过程分解成许多小步骤，并按一定逻辑排列好。每一步骤根据学生回答问题后，通过出示正确答案，使他们确认自己反应的正误，然后再进入下一步骤的学习。如领会式教学模式，在快速跑学习中，教师首先让学生带着问题练习，然后提出为什么有的同学跑得快，有的同学跑得慢，让同学们进行总结。紧接着让同学们再练习，再总结，在做中不断改进与提高，从而完成学习目标。根据程序教学理论，体育的学习机制主要可以包括以下指导性原则：

1. 小步子原则。小步子原则，是指把运动技能的学习内容按其内在逻辑关系分割成许多细小的单元。这些小单元称作小步子。分割后的小单元按一定的逻辑关系排列起来形成程序化教材，以确保学生由浅入深、由易到难、循序渐进地学习。这个原则在今天看来仍有一定的价值，尤其是对当前体育新课程改革中提出的单元教学起着重要的作用。但需要注意的是，在单元的划分上要由具体的教学性质和任务来确定步子的大小。

2. 积极反应原则。传统教学主要是教师传授知识、学生被动接受知识的过程，学生很少有机会对每一个学习内容都做出反应。要改变这种消极学习的现象，就要求学生在上述"小步子"（每一单元）的学习内容中都要做出积极的反应。体育教师要注意按单元内容之间的联系组合起来进行动作示范，要求学生"跟我学"，并通过练习、展示等方式使学生做出反应，引导学生一步步循序渐进地掌握技能，以保持积极、持久的体育学习动机，提高学习效率。

3. 即时反馈原则。即时反馈原则，是指当学生展示所学运动技能（做出反应）后，必须及时使他们知道其反应是否正确。这就要求体育教师对学生的"反应"给予"即时确认"。尤其是对学生做出的正确动作要给予及时强化，从而提高学习自信心。体育新课程所强调的体育学习评价的反馈与激励功能，就是建立在此基础之上的。

4. 自定步调原则。自定步调原则，是指在体育学习中应该让学生根据自己的基础和潜力制订学习计划，培养学生自主学习的能力，强调个体化的学习方式，并不断通过练习纠错、评价反馈等措施，引导学生达到学习目标。

5. 低错误率原则。低错误率原则，是指在小步子的体育学习内容引导下，学生可以尽量避免可能出现的错误"反应"，提高学习效率。

程序教学设计比较突出的优点在于它能保证使学习者在学习中得到即时反馈，使学习者在每一步学习小步子上都得到强化，较好地适应差异性和多样化的个体需求，从而克服传统教学设计中过于侧重整体而忽视个体的不足。

（二）认知主义教学策略

先行者组织策略是认知主义教学的经典，其基本主张与我国课前预习如出一辙，已经自觉或不自觉地渗透在我们的教育教学之中，成为新课程教学理念的重要支柱。组织者是个比喻，就是用以帮助学生对新知识和旧知识之间加以组织和连接。如果在讲新知识之前先呈现"组织者"（即所谓的先行），那么就成了先行组织者。当学习者的认知结构中没有适当的上位观念可以同化新观念时，教师可以在教新观念之前，给学习者一个引导性的材料，它比将要学习的新材料具有更高的概括程度。然后，学习者利用这一材料去同化新的学习材料。这就是先行组织者的基本原理，通过先行组织者，帮助学习者对所学内容进行加工。

1. 先行组织者的程序

先行组织者由两个阶段组成，每一阶段都遵循信息加工的原理。

（1）呈现先行组织者。教师在让学生确定目标后，向学生提供先行组织者。教师要向学生解释组织者，因为先行组织者本身也是一种观念或是一个概念。必要时，教师要向学生列举组织者的基本特征，解释特征并给以例证，帮助学生理解组织者，但呈现组织者应该是简明扼要的。在这一阶段的最后，教师要提醒学生意识到自己认知结构中与组织者和学习新材料有关系的知识，以便学生能更好地利用组织者同化新的学习材料。

（2）呈现学习任务或学习材料。在这一阶段，教师将遵循逐步分化的原则将学习材料呈现给学生。"逐步分化"是组织教学内容的原则。在教学过程中，"逐步分化"是将较大范围的概念或概括分化为较小范围的概念或概括。也就是将概念分化为不同的层次，使学生独立学习不同层次的知识，了解不同层次知识之间的关系，使学生形成良好的认知结构。

2. 先行组织者的进展

近年来，出现了更为宽泛的"组织者"概念，即认为"组织者"一般在要学习的材料之前呈现"先行组织者"，但也可以放在学习材料之后呈现。它既可以是在抽象、概括性上高于学习材料的材料；也可以是具体概念，在抽象、概括水平上低于原材料的知识。总的来说，"组织者"可以分成以下两类：

（1）陈述性组织者。陈述性组织者与新的学习产生一种上位关系，目的在于为新的学习提供最适当的类属者。"组织者"对言语和分析能力较低的学习者可以起到更大的作用，因为这些学生自身不能发展一种适当的图式把新旧材料联系起来。陈述性的"组织者"不仅用他们能懂的语言为学习提供了适当的固定点，而且也促进了他们有意义学习的倾向，避免了不必要的机械记忆。

（2）比较性组织者。比较性的组织者用于比较熟悉的学习材料中，目的在于比较材料与认知结构中相类似的材料，从而增强新旧知识的可辨别性。比较性组织者指出了新旧知识的异同，增强了原有的起固定作用的观念的稳定性和清晰性，所以当先学的知识不稳定和不清晰时，采用一个比较性"组织者"比过度学习新材料效果更好，当原有的知识本身就已经很巩固和清晰时，提高可辨别性的唯一方法，就是过度学习新知识。

无论是陈述性组织者（陈述性知识），还是比较性组织者（程序性知识），在策略运用中都要注意两点：①教师要慎重选择教学内容的难度，教学内容必须适合学习者的能力水平，一方面要简化教学信息，另一方面要能产生新的信息，有利于知识的运用；②教师呈现教学内容时，要遵循"不断分化"和"综合贯通"的原则。从纵的方面来说，要遵循一般到具体、不断分化的原则；从横的方面来说，要加强概念、原理、课题乃至章节之间的联系。教师在教学中应引导学生努力探讨观念之间的联系，指出他们的异同，消除学生认识中表面的或实际存在的不一致点，把握概念、原理的本质。

（三）建构主义教学策略

1. 抛锚式教学

抛锚式教学也称为情境教学、实例式教学或基于问题的教学，就是根据事先确定的学习主题在相关的实际情境中，选择某个真实事件或真实问题，在课堂上展现出与现实中专家解决问题相类似的探索过程，教师提供解决问题的原型，并指导学生的探索。这种教学使学习在与现实相类似的情境中发生，以解决学生在现实生活中的问题为目标，对于培养学生解决问题的能力和探索精神有重要作用。该模式主要强调以技术为基础的学习。

抛锚式教学设计的主要目的是使学生围绕一个完整的问题情境，产生学习的需要，并通过镶嵌式教学以及学习共同体中成员间的互动、交流，使学生在探究事件或解决问题的过程中自主地理解知识，建构意义。

抛锚式教学设计的重要原则包括：教学活动紧紧围绕某一"锚"来设计，所谓"锚"即某种类型的个案研究或问题情境。

首先，这种教学要求建立在围绕探索问题的基础上，因而被形象地比喻为"抛锚"，因为这类事件或问题被确定了，整个教学内容和教学进程也就被确定了（就像轮船被抛锚固定一样）。教学的设计应允许学生对教学内容进行探索，如允许学生探索问题的多种可能解答、发展有关体验的表征、学生自己生成项目等。抛锚式教学由 5 个基本环节组成：围绕问题，确定情境，自主学习，合作学习，效果评价。其目的是培养学习者解决问题的能力，让每一个学生都成为实践者。

其次，情境教学不仅是建构主义教学观的必然要求，同时也得到认知心理学的支持，称为"情境认知"。认知活动具有情境关联性，即特定"情境"或"场合"不仅能够决定人们对事件意义的理解，还能影响知觉内容及学习方式，并且会对记忆产生深远的影响。

2. 随机访问教学

随机访问教学也称随机通达教学，是基于建构主义学习理论的"认知弹性理论"发展起来的。认知弹性理论认为，人的认知随情境的不同而表现出极大的灵活性、复杂性和差异性。基于认知弹性理论的随机访问教学，是指对同一内容的学习安排在不同时间多次进行，每次的情境都是经过改组的，而且目的不同，分别着眼于问题的不同侧面。换言之，学生可以随意通过不同途径或不同方式进入同样教学内容的学习，从而获得对同一事物或同一问题的多方面认识与理解。这种教学避免抽象地谈概念的一般运用，而是把概念具体到一定的实例中，与具体情境联系起来，有利于学生形成背景性经验，针对具体情境并用于指引问题解决的建构。以使学习者对同一内容或问题进行多方面探索和理解，获取多种意义的建构。这里的"访问"原是计算机科学术语，主要指在互联网上对不同网站进行搜索、访问。"随机访问"即自由地、随机地从不同角度访问、探索、建构同一内容。这实质上是换一个角度看问题，换一个情境解决问题的教学模式。

3. 支架式教学

支架式教学的基本特征是重视社会交互知识和文化在知识理解和意义建构中的作用，认为认知能力的发展不仅是一个个体的过程，还是一个社会和文化的过程。这种教学模式是社会性建构主义教学观的集中体现。

"支架"原意是建筑行业使用的"脚手架"，这里用来形象地说明通过一套概念框架帮助学习者理解特定知识、建构知识意义的教学模式。通过支架（教师的帮助）把管理学习的任务逐渐由教师转移到学生手里，最后撤去支架。这里用来比喻对学生解决问题和建构意义起辅助作用的概念框架。它根植于学生的"最近发展区"，通过支撑作用，学生的认知发展不断从实际水平提升到潜在水平。教师的作用就在于使这样的概念框架尽可能完善。支架式教学包括以下环节：

（1）预热。将学生引入一定的问题情境，并提供可能获得的工具。

（2）探索。由教师为学生确立目标，用以引发情境的各种可能性，让学生进行探索尝试。在此过程中，教师可启发引导，提供问题解决的原型，而后要逐步增加问题的探索性成分，让学生自己去探索。

（3）独立探索。教师放手让学生自己决定探索的方向和问题，选择自己的方法，独立进行探索。在这个环节，不同的学生可能会探索不同的问题。

另外，当今的建构主义者重视教学中"学习共同体"成员间的相互作用，合作学习、交互式教学已在我国新课程体育教学中提倡采用。

（四）人本主义教学策略

下面列举一些人本主义教学理论，在教学中以有意义操作任务为情境的教学设计模式。由这些模式所统领的教学能够使体育课堂学习和谐活跃，产生激情，有效地推动学生非智力因素的发展：

1. "非指导性"教学模式。"非指导性"教学模式是以人本主义心理学为基础，着眼于学习者人格发展，以学习者为中心的教学模式。其理论强调学生"自我实现"潜能的作用，教师仅仅起"促进"作用，所以叫"非指导性"教学。"非指导性"教学理论首先基于对人类的基本信任，相信人类的天生潜能是积极的，只要后天提供一定的条件，潜能就会自然而然地释放出来，潜能也因而得到实现。非指导性教学有一个时间上的序列，该序列包括以下阶段：

第一，阐明辅助情境。教师创设一种和谐民主（可接受）的教学气氛，师生明确在教学中应该对共同关注的问题取得一致性意见，使学生得以无拘无束地、自由自在地交流自己的想法。

第二，提出问题。由学生提出各自感兴趣的问题，教师对所提问题进行接纳与澄清，经过讨论后形成小组成员共同感兴趣的问题，从而明确教学目标所在。

第三，提供资源，共同讨论。在明确教学目标之后，教师提供一些小组讨论可利用的资源，如书籍、录音、访问有关人士，鼓励学生表达积极的或消极的情感。坦诚待人，乐意接受他人意见，认真参加小组讨论，共同探索问题。教师也可以根据学生需要进行教授，但不能代替学生下结论。所提问题也总是处在流动变化之中。

在非指导性教学中，教师要注意：①创设心理自由和心理安全的环境；②建立良好的师生关系；③以真诚的态度对待学生；④无条件接受学生；⑤移情性理解学生。

2. 学习者中心的教学。教师要成功进行以学生为中心的教学，必须具备：①信任学生，如果教师能相信学生具有发展自己的潜能，则应该允许他们有机会选择自己的学习方式；②真诚的态度，卸下教师的面具，感知学生的心理感受和体谅学生；③尊重学生，尊重学生的人格、情感和意见，不随意批判学生，不使学生感到威胁；④了解学生，深入了解学生的内心反应，并设身处地地站在学生的立场了解学习过程。

3. 人性化的教学角色。人性化的教学强调个人选择、师生关系及班级气氛等条件的重要性。师生关系不但能增进学生深入学习或了解自我，而且有效率教学的特征。基于此，教师欲使教学有效，必须设法建立良好的师生关系。

4. 安全感的学习气氛。一个班级是一个小型的社会体系。从班级心理学的观点来看，学生只有在没有威胁的情况下，才有可能产生最容易、最有意义及最佳记忆的学习。

5. 成就感教学。个人的自我知觉是决定行为的基本因素。为了培养学生积极的自我观念，学校应重视成就感教学，使学生在学校活动中获得成功的满足，肯定自我价值，逐渐形成一个健全积极的自我观念。在教学上，应依据学生的个别差异因材施教，实施个别化的教学，减少学生在团体中的挫败感。在评价方面，应重视学生的自我评价，避免学生间的相互比较。

6. 价值澄清教学。价值澄清教学承认人有选择的自由和自我决定的能力，它通过一些教学活动，协助学生对自己的信念、情感、行为做自我分析和自我反省，从而理清自己的价值观，确立自己的形象。

7. 陶冶情感的教学。知识与情意的教学，这两者是相互关联、相辅相成的。在陶冶情感教学方面，重要的教学策略包括：①在教学中，教师宜将自己的情感真诚地流露出来，使学生了解教师的内心感受；②教师要了解学生的需要和情感，并协助学生建立积极的情感；③安排适宜的情境，使学生有机会探索自己的情绪，或学习感知别人的情感，以及得到被尊重、被接受和被了解的经验。

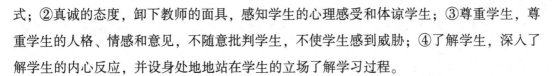

思考与练习

1. 有效体育教学方法有哪些？

2. 本章内容主要涉及哪些教学理念？

3. 建构主义体育教学策略主要包括哪几种？

第四章 体育课堂教学管理与实践

第一节 体育课堂教学的有效备课

体育课的准备，通常称备课，即课前准备。备课，有时人们可能认为只是写一个教案那么简单，其实不然，备课可以有不同层面的理解。从宏观层面来说，只要跟上课有关的、所做的方方面面的准备都可以称之为备课，不仅包括对教材的分析、对学生的分析，还有教学策略设计、场地器材的规划等；从微观层面来说，备课可以理解为写教案。教师应充分了解备课各要素，为课堂教学打下坚实基础。

一、体育课堂教学有效备课的意义

备课作为整个体育教学活动中的首要环节，它对教师本身的素质与能力的提升，以及教学活动质量的保证都具有非常重要的意义：

对于教师来说，扎扎实实地做好备课工作，能够促使教师深入地了解教学对象的接受能力、发展需求、兴趣爱好等，同时不断提升教师对教材的理解，掌握其中的关键点以达到"健身育人"的目的。这是一个在课前不断探索和学习的过程，也是一个提高教师业务水平和能力的过程。

对于教学活动来说，有效备课能够使教师充分做好课前的准备工作，在教学实施前有完整、系统的思路，使复杂的教学活动变得有序。认真备课是确保教学成功的首要环节，课前准备是实现安全、有效教学的坚实基础。

因此，备课不仅是教师不断丰富自己教学经验和提高文化水平、专业知识、业务能力的重要途径，更是确保课堂教学目标实现的重要前提和提高教学质量的基本保证。同时，备课为说课活动提供了可靠而系统的内容体系，也为上课勾画了预期的"蓝图"。

二、体育课堂教学有效备课的重点

备课是由思维转化成实操的过程。体育教师对体育学科要有过硬的把控能力，要掌握教育一般理论和体育基本原理，了解当今体育课程改革的动向，了解学生的身心发展规律，等等，还有一些宏观层面的东西也需要了解。上好一堂课，备好课是前提保障。

体育教师在进行备课时，要考虑到各种影响因素，因为备课的本质就是一种"预先设想"，在教学实施的过程中会存在一些不确定因素，备课就是以我们思考的结果为依据，将教学内容可操作化，编排成可供学生学习的过程。在备课过程中最主要的就是根据单元教学设计方案，制订出课堂教学方案，备课其实是不断细化的过程。在备课的过程中要对各种因素进行全面充分的衡量、分析、评判，其中包括课程、学生、教师自身、教材、场地器材等。

因此，教师有必要掌握备课过程中需要遵循的一些基本的、体育所独有的理论和规律。例如，把握学生发展规律，理解体育课程内涵，分析体育教材，分析学校的客观条件，等等。

（一）了解学生发展规律

了解学生是备课中的一项重要内容，学生不仅是教学的对象，而且是学习的主体。教学是师生的双边活动，只有教师的积极性而没有学生的主动性是很难上好课的。备课不备学生，不了解学生的情况，就很难掌握好适宜的尺度。因为，教学内容的安排要考虑学生的机能状态，教学任务的确定要依照学生的素质水平，教学方法的选择要推敲学生的接受能力；运动负荷的大小要适应学生体质的强弱。

总之，备课时只有充分全面了解学生，才能做到因材施教。对学生了解得越多越全面，备课依据越充分，教学针对性越强，教学效果也会越好。备课是上好课的关键之所在，教师通过备学生，可以加强备课的目的性、针对性和实效性，从而优化教学过程，发展学生潜能，促进学生人格的健康发展。

1. 身体素质发展规律

大学阶段的学生身体增长的速度逐渐减缓，他们的身高、体重、胸围、肌肉、骨骼都接近成年人的标准。身体发育基本成熟，骨骼已基本骨化。神经系统发育完全，大脑皮质和机能已达到成人水平，兴奋和抑制过程基本平衡，第二信号系统起着重要的调节作用，但神经联系的复杂化和大脑活动的机能仍在日趋完善。教师在备课时，应该抓住学生身体素质的关键期，有针对性地设计一些身体练习项目或内容，以促进学生身体素质的发展。

2. 人类动作发展规律

人类动作发展对体育学科的学习来说是非常重要的支撑理论，因为体育学科本身以身体练习为主，在学习技能的过程中，其基础就是动作。因此，教师要了解动作的发展规律、动作的发展特征以及动作的发展序列。教师在备课时，所选择的教材、内容要符合该年龄阶段学生的动作发展规律，并且能够诊断学生动作能力或技能水平是否符合特定年龄段的发展水平，以及识别学生动作发展的正常序列，避免动作发展滞后带来的学习和生活障碍。

从人的一生来说，动作发展一般是从婴幼儿的反射时期到基本动作技能发展时期，再到专门动作技能发展时期，各时期的发展是相互衔接、相互影响的，前一时期的发展是后一时期的基础，只有前一时期动作发展较为完善，后续的动作技能才会得到更好的发展。这是一个不断向高级层面发展的过程。

人的动作发展具有一定的时序性，教师在备课过程中所需选择的教学内容、方法、手段等都应该注意每个阶段学生在动作发展层面上的需求，注重对各时期主要动作的干预教育。

体育学习最重要的就是为后续的发展打下良好的基础，而这一基础就是发展好学生的基本动作技能水平，这样能够更好地为后续的体育学习和锻炼打下坚实的基础。动作技能的学习与发展是一个不断变化的过程，它是遵循人类动作发展的序列而发展的。

（二）把握体育课程标准

学科核心素养是学科育人价值的集中体现，是学生通过学科学习而逐步形成的正确价值观念、必备品格与关键能力。体育与健康学科核心素养主要包括运动能力、健康行为和体育品德。

1. 运动能力

运动能力是体能、技战术能力和心理能力等在身体活动中的综合表现，是人类身体活动的基础。运动能力分为基本运动能力和专项运动能力。基本运动能力是从事生活、劳动和运动所必需的能力，专项运动能力是参与某项运动所需要的能力。运动能力的具体表现形式如下：

（1）体能。体能是学生竞技能力的基础，是学生身体机能能力、体育运动能力的综合体现。一般而言，体能是通过力量、速度、耐力、灵敏、柔韧、协调等运动素质表现出来的人体基本的运动能力，是运动员竞技能力的重要构成因素。体育课对学生进行体能训练，不仅是由它的学科特点所决定，也是当今社会对学校体育的诉求。为此，作为一线体育教师，虽然无法改变社会、制度、环境等因素，但是可从自身做起，从体育教学有效设计的角度，研究制定运动项目教学指南，利用"体育课堂教学"这块阵地，切实提高学生的运动技能，发展体能，为学生体质健康水平的提升增加一些助力，努力提高体育教学质量，使学生养成终身体育锻炼的习惯。

（2）技、战术能力。技、战术主要包括技术和战术。技术更多的是针对个人而言的，是指学生对学习的动作内容掌握的程度，而战术则不仅仅是针对个人而言的，对于集体项目来说，战术更多地会涉及多人的协作配合，这体现学生通过学习后运用技术与对情境理解的能力。因此，技战术能力主要是指学生通过学习和练习后，对相应技术与战术的运用能力，对体育学科来说，这是核心素养中需要培养的重要方面。

（3）心理能力。运动员心理能力即指运动员与训练竞赛有关的个性心理特征，以及依据训练竞赛的需要把握和调整心理过程的能力。一方面，在竞技运动训练与竞赛中，运动员的体能、技能、战术能力以及运动智能，都只有在其心理能力的参与配合下，才能得到充分的体现；另一方面，在不同的条件和不同的状况下，心理能力在运动员竞赛能力中的价值也有所不同。不同类型的运动项目对运动员的心理能力有着不同的要求，不同水平的选手比赛时心理能力的作用也不同。

2. 健康行为

健康行为是增进身心健康和积极适应外部环境的综合表现，是提高健康意识，改善健康状况并逐渐形成健康文明生活方式的关键。健康行为包括养成良好的锻炼、饮食、作息和卫生习惯，控制体重，远离不良嗜好，预防运动损伤和疾病，消除运动疲劳，保持良好心态，适应自然和社会环境的能力等。健康行为的具体表现形式为体育锻炼意识与习惯、健康知识掌握与运用、情绪调控、环境适应。体育教师需要使用有效的教学策略，增加学生对体育课的兴趣，提高体育课堂的效率，培养学生科学从事体育锻炼的意识和习惯，从而培养学生的健康行为。

3. 体育品德

体育品德是指在体育运动中应当遵循的行为规范，以及形成的价值追求和精神风貌，对维护社会规范、树立良好的社会风尚具有积极作用。体育品德包括体育精神、体育道德和体育品格三方面：体育精神包括自尊自信、勇敢顽强、积极进取、超越自我等，体育道德包括遵守规则、诚信自律、公平正义等，体育品格包括文明礼貌、相互尊重、团队合作、社会责任感、正确的胜负观等。

培养学生良好的体育品德是德育的重要内容，也是体育学科所赋予的内在要求，是由其自身的学科特点所决定的。在体育竞技中，既要求参赛队员发挥个人能力，又需要团队的合作。因此，在体育课的预先设计中就应注重学生合作意识的培养，这是体育课程改革中对体育"育人"功能的进一步彰显。

体育课的特点是需要承受一定的运动负荷，而当前部分学生娇生惯养情况日盛，怕苦怕累是他们的典型心理特征。学生各自的身体体能和意志力较弱，在体育教学过程中，不少学生遇到需要耐力、技术难度高、身体对抗激烈的项目就胆怯、退缩。出现这种情况时，教师在教学中要有耐心，循循善诱，进行有的放矢的教育。既要耐心地讲解示范每一个动作的要领，又要对学生的进步及时鼓励，使学生逐渐消除畏惧的情绪。通过反复训练，学生有了克服困难的勇气，逐渐培养起不怕苦、不怕累、敢担当、不屈不挠的意志品质。

对体育课程标准的把握，体育教师应该树立新的理念，多进行学习，可以通过参加教研活动、访问专家、阅读学习、搜集科学论文资料等不断思考并提升自我，使自己课前所设计的教学方案更贴近课程标准的理念与要求，为课堂有效教学打下良好基础。

（三）科学分析体育教材

从体育学科本身来说，由于体育项目的种类比较丰富多样，所以可供选择的教材也就比较广泛。例如，田径中的跳远、铅球等，球类中的足球、篮球等都有各自的教材。教材是进行教学的基础，是解决教什么和为什么教的关键，对教师课前准备，科学制定教学策略有重要意义。

1. 教材分析的意义

分析教材是整个备课工作的基础，也是备好课的主要环节。对教材的理解和分析是备好课、上好课和达到预期教学目的的前提和关键，对顺利完成教学任务、实现教学目标具有十分重要的意义。

（1）对体育教材的科学分析有助于教师掌握体育教材的逻辑体系。分析教材有助于教师掌握教材的逻辑体系，尤其是体育学科的学习，它是以身体练习为基础的学科，在动作技能学习上有一定的逻辑性。因此，只有全面熟悉教材、分析教材，清楚前后学习内容之间的关系，才能够把握好教学活动的高效性。

（2）对体育教材的科学分析有助于满足学生的发展需求。分析教材能够使教师清楚教材的价值所在，尤其是对于体育教材的分析，可以知道教材的健身和教育价值的所在，继而组织编排适用于教学对象的学习内容，最大限度地促进学生的身心发展。

（3）对体育教材的科学分析有助于教师科学地设计教学活动方案。分析教材能够了解整个教材的基本内容，清楚教材中各部分之间的结构体系，把握好教材的特点。在分析教材的基础上，选择必要的学习内容以丰富教学内容，促进学生的学习，使教师对教学活动进行科学的设计，达到教学活动方案的最优化。

（4）对体育教材的科学分析有助于全面贯彻和落实体育与健康课程标准。分析教材有助于全面贯彻和落实体育与健康课程标准的基本精神和要求。通过认真钻研教材，全面理解和掌握教材，深刻理解教学目的和任务，把知识、能力、情感态度和价值观等培养目标具体化，并把它们合理地内化到整个学期的各单元以至每节课的教学之中。

此外，钻研教材不仅是教师教学工作的重要内容，也是体育教师进行教学研究的一种主要方法，是教师的教学能力和创造性劳动的充分体现，对于教师业务素质和自身素质的不断提高、教育理论知识的加深理解、教学质量的提高都具有十分重要的意义。

2. 体育教材的分类

由于体育项目的种类比较丰富多样，所以可供选择的教材也就比较广泛，而教材又是进行教学的基础，是解决教什么、怎么教的关键。不同类别的运动技能教材，在进行设计和实施中的教学模式是有区别和侧重的，准确把握动作技能"类"的归属是有效教学的重要一环。因此，教师应该对体育教材的分类有一定的了解。

体育学科的学习，应考虑的是具体的内容，即具体的运动技能。作为教师应该对学生学习的内容进行具体化的分析，这将有助于教师对教材的把握，保障设计的科学性。运动技能依据不同的标准分类，可以使我们对运动技能有不同的理解。尤其是其划分有助于教师对教学内容的深入了解，以便于教师对教学计划方案的设计。

针对运动技能的学习来说，将运动技能划分为开放式和闭合式两类，是我们认为目前与体育学习特点比较契合的分类方法，这种分类法能够更好地服务于体育教学。以这种分类形式来设计和实施体育教学活动，能够使体育教师更好地理解教材的特点，能够有效促进学生运动技能的学习。

开放性运动技能主要根据外部环境信息的反馈进行调节，动作时空结构须根据外部环境变化做出相应调整。运动员在做出技术动作之前要事先判断周围情境的变化，来选择相应的技术动作，即操作的环境线索可预测程度低、不稳定。以足球为例，在运球过程中，必须判断对手的位置、速度、方向，以及对手之间的位置、过人空间，才能决定采用何种技术动作绕过防守队员。在这个过程中，对手的各种信息就是情境变化，这一类基于即时情境变化刺激的运动技能称之为开放式运动技能。综观体育课堂教学的项目，如篮球（不包括罚球）、足球、排球、羽毛球、乒乓球等等，都是开放式运动技能项目。学习这类运动技能应达到减少开放性或不可预期性的目的，使学习者确切把握环境的变化，具有处理外界信息的能力与对事件发生的预测能力。

根据开放式运动技能的概念，环境的变化性是开放式运动项目技能学习的核心特征，从外界环境变化到动作技能本体应答，这个学习的过程与原理在诸多开放式运动技能中是相通的。据此，可以从本体感知（对手、同伴意图、环境的感知、预判能力）、环境外显特征（动作、器材的变化）、本体决策（瞬时、合理的技术选择）和本体应答行为（合理的动作技术）四个阶段来理解开放式运动技能的形成过程与原理。

开放式运动技能的学习原理，并不否认学习基本技术的重要性，而是强调在整体环境交互中学习基本技术。近年来，在开放式运动技能——球类教学中出现了许多新方法，例如领会教学法就是根据开放式运动技能特点产生的。

领会教学法把体育课堂教学的着眼点从传统的强调动作技术的发展调整为培养学生的认知能力、瞬时决断能力及兴趣。将学生认知能力和战术意识的培养作为球类教学的重要内容，将训练学生应付球类运动中的各种复杂情况和突发问题的能力作为教学的关键，并根据学生的实际情况，开展有差异性的教学，因人而异地教授各种技巧动作，最大限度地调动学生的参与度。

领会教学法强调组合技术的整体性与实用性，教师对运动技能的传授要从前后关联的整体性思路入手，从教学之初先让学生参与降低要求的比赛（称为简单的对抗赛），使学生在实践中领会学习运动技能的重要性，从而产生"有意义学习"，然后再进行常规的运动技能学习，使学生充分认识到运动技能学习的意义所在，提高学习动力与效率。这种方法将学生技术动作的学习寓于攻防对抗之中，使学生能够更好地理解与把握球类运动的本质规律和不同的技术之间的内在联系。学练过程增加了比赛中应用性练习的次数，节约了单个技术教学的时间，使得学生的实践与理论得到了较好的统一。

而闭合式运动技能在多数情况下主要依靠内部本体感受器的反馈进行调节，动作的方法顺序，即动作操作的环境线索可预测程度高、稳定性强；运动员在做出技术动作之前不需要考虑外部情境的变化。以武术套路为例，表演者在做动作之前已经知道下一个动作是什么，只需要考虑动作的准确性、规范性就可以完成技术动作。这类不需要考虑外部情境变化，具有一定指向性的运动项目称为闭合式运动技能项目，如健美操、武术套路、跳高、跳远、铅球等。学习这种动作技能关键在于反复练习，直到达到标准的模式和自动化程度为止。

闭合式运动技能学习的规律基本上是反复地练习，从而建立对该项运动的一种记忆。这一过程是闭合式技能学习的过程，属于本体感受器所介入的反馈进行调节的动作，完成动作时外部环境在本质上是相对稳定的，要求动作尽可能稳定、精确，如体操、射击、游泳、掷垒球、铅球等。学习这些技能的关键在于反复练习，直到达到理想的模式和自动化程度。

不同的运动项目有着不同的运动技能特征，根据运动技能结构的不同，将运动技能加以分类，可以使教师的教学更具有针对性，目标更明确。但是，这样按照某一特定标准来划分不能涵盖运动技能的所有特征，同一类型的运动技能仍然存在对学练方法产生影响的差异性特征。

比如，篮球和排球运动的多数动作同属于开放式运动技能，但一种是要求运动主体根据对手或同伴意图选择运用技能，并存在身体接触的同场对抗；一种虽然也需要团队的配合，但是不存在身体接触的隔网对抗。再比如，田径和体操运动的多数动作同属于闭合式运动技能，但田径是以客观成绩决定胜负的以体能为主的比拼，体操是以主观评价分出高低的技艺表现。而在同属客观测量运动成绩的闭合式运动技能中，跑步和游泳在"会能度"上又表现出显著差异，跑步从初练到熟练的过程中很难找到从不会到会的明确拐点，而游泳则可以轻易做出从不会到会的基本判断。这些运动技能的不同特征对技能学练方法和专项能力培养提出了特定需求，也由此导致了他们在学练方法上的差异性。

通过对体育运动技能分类的分析，能够使教师清楚体育教材或教学内容的不同，会使得教师在设计的过程中，无论是在内容的编排上，还是在教学方法的选择上，都会有所差别。教师在设计教学时，一定要了解项目的特征，比如篮球是怎么样、可以设计哪些形式（也可以说是内容组合、练习形式）等，但一定是围绕篮球的整体特性设计，包含着该类运动的核心性关系，篮球的整体特性是同一场地内交错进行的进攻——防守型运动，而不只是单独的运球、投篮、传球等单独的技术练习。因此，将运动技能划分为开放式和闭合式两类，能够真正地反映出体育学科学习的最大特点，同时为后续的教学设计奠定基础，也为体育的有效教学提供理论依据。

（四）教学的支持性条件

支持性条件主要包括学校的场地、器材、人员等各种人力、物力资源情况。体育教学的开展必须要依赖学校的场地、器材来进行，因此教师在备课的过程中就必须要清楚学校所具备的条件，以便于所设计的体育课能够顺利开展。同时，了解、分析学校的场地和器材，也会为教学资源开发改造提供基础。体育备课时可以通过思考对学校现有的场地、器材等各种资源进行开发改造，来促进教学。备课也好，上课也好，最终依托的就是学校的物质基础。认真分析学校的客观条件，充分思考所在的外部环境，才能使所备的课具有适宜性。

第二节　体育课堂教学的设计分析

课堂教学设计是针对一堂课的教学活动而进行科学系统规划的过程，它是单元教学设计的具体化。课堂教学设计的界定从教学设计层次来看，属于微观层面的设计。课堂教学设计是通过对课堂教学活动过程中各要素的综合考虑与分析，并且以分析的结果为依据，科学、合理、有效地对课堂教学活动进行预设的过程。

课堂教学设计是单元教学设计的细化，是将学习内容、学生、教师、场地器材、组织方法等要素转化成科学合理的体育教学活动，以达到最优化的教学效果的过程，它是指导课堂教学活动的主要依据。如何将教材中的内容转化成学生的学习成果，最重要的就是依托课堂教学设计。通常所讲的课堂教学设计主要包括研究教学内容、分析本班级学生特点、确定本课教学目标、确定教学流程、选择教学策略、使用教学媒介及场地器材布置、预设运动负荷、预设教学评价等方面。

一、研究体育教学内容

研究教学内容主要是针对本次课具体的教学内容进行思考和理解。首先，分析本次课的教学内容在整个教材单元中的位置与作用，清楚两者之间存在的逻辑关系；其次，依据项目或教材的特征，分析本次课的教学内容对促进学生的发展有哪些有益的价值；最后，分析学生在学习本次课的教学内容过程中的重点和可能面临的问题等。

二、分析班级学生特点

课堂设计针对的是任课教师所教学具体班级的学生，这些学生除了有本年龄段学生共同的特点外，还有本班独有的特征，如行为规范、纪律、本单元学习进展、本次课的起点能力、学习中可能遇到的困难、男女生的共同点与差异性等等。这些在设计过程中均应一一把握。

三、确定本课教学目标

一堂好的体育课应当从教学设计开始，一个好的教学设计重要的是教学目标的设置。在教学设计中，课堂教学目标是否明确、具体、规范，直接影响到教学是否能沿着预定的、正确的方向进行。体育课堂教学目标一旦确定下来，其他的体育教学设计环节都需要围绕它来进行设计。

体育教师在确定教学目标时，要充分考虑到学生的发展、教学内容的特点，以及体育课程所准备提出的核心诉求，体育的学习可以对学生的运动能力、健康行为、体育品德等方面有积极影响。但作为课堂教学目标不能过分地从宏观层面来叙述，要处理好单元目标与课时目标的关系，做到具体、明确。课堂的教学目标应围绕本次课的主教材设定在一个主目标的基础上，再衍生出 1~2 个目标。这一内容会在撰写教案部分继续进行讨论。

四、确定课堂教学流程

教学流程指的是进行教学的主要程序。它是课堂教学设计的重点，也是一次课顺利开展的基础。教学流程一般会有"五部分""一体式""三段式"等不同的划分。而在体育课堂教学活动中经常采用的是"三段式"的教学程序。"三段式"体育教学流程一般是以一节课为基本单位时间开展教学，并将一节课分成准备部分、基本部分、结束部分 3 个阶段，且配以相应的内容。

体育课堂教学过程采用"三段式"教学流程主要依据运动时身体机能变化规律。体育课堂教学主要是以身体练习为基础的教学活动，以学习运动技术技能、发展体能的身体练习为主要内容。学生在从事身体练习时，需要承受适宜的生理负荷，运动器官和内脏器官都要有一个从静态到动态的变化过程。所以，体育课堂教学必须考虑学生身心接受程度，要从适宜的准备活动开始，唤醒学生的机体和心理机能，使学生热情饱满地进行主要内容的学习。一次完整的体育课堂教学，学生的生理机能变化大体呈现"上升—稳定—下降"的轨迹，因此，把一堂体育课划分为三部分。

五、选择课堂教学策略

教学策略的设计是课堂教学设计的核心和重点，主要是解决体育教师"如何教"和学生"如何学"的问题。在设计过程中体育教师面临以下方面的决策：

（一）确定教学顺序

体育教学的顺序指的是教学过程进行的前后次序，也就是先做什么、后做什么，它包括以下三方面：

第一，体育教学内容呈现顺序。指的是体育知识和技能出现的前后次序，先教什么内容，后教什么内容。

第二，体育教师活动顺序。指的是体育教师进行教学活动的前后次序，教师先进行什么教学活动，后进行什么教学活动。

第三，学生活动顺序。指的是学生进行学习活动的前后次序，学生先进行什么学习活动，后进行什么学习活动。

（二）设计联系形式

一堂课上基本部分的主教材采用几种练习形式，如同样是篮球传球练习，可以两个人一组练习也可以4个人一组练习，可以是行进间的练习也可以是原地的练习，可以是徒手的练习也可以是持球的练习。练习形式的选择要依据运动项目的特征，要符合学生的身心发展特征与需求，要考虑各练习之间的过渡和有效迁移，要围绕本次课教学目标，要考虑各个练习之间的"跨度"，要考虑练习之间组织的流畅性，练习形式不要过多，须保证一定的练习时间。一般主教材的练习形式转换不超过三次。

（三）选择教学方法

教学方法就是教师为了达成教学目标和要求，而在有计划地教与学的过程中所采用的行为方式。其中，既包含教师"教"的方法，又包含学生"学"的方法。

从教师的"教"来说，在体育教学活动中多采用的方法有讲解示范法、演示法、纠错指导法、保护帮助法等。讲解示范法是在体育教学活动过程中常用到的方法，主要是通过教师动作的展示配以语言的讲述，使学生能够更加清楚、直观地学习运动技术而采用的方法。演示法主要是教师借助或采用一些媒介来给学生展现学习内容，以便学生能够直观地观察和获得学习内容中要点或信息的方法。纠错指导法就是教师在体育教学活动过程中，及时发现学生的错误技术动作，并给予纠正及指导的方法。保护帮助法一般多使用于存在安全问题或有一定难度的练习中，是教师为了学生练习安全起见，为学生提供保护或辅助的方法。

从学生的"学"来说，主要是从学生进行练习和学习的角度提出的教学方法，主要有分解练习法、完整练习法、领会教学法、循环练习法、运动游戏法、竞赛法、情境教学法等。分解练习法主要是指将完整的动作分成几部分，逐段进行体育教学的方法，例如，广播操、武术套路等分节来进行学习。完整练习法主要是指从动作开始到结束，不分部分和段落，完整、连续地进行学习和练习的方法，例如，跳远、投掷等技术的学习不分技术环节，而是以一个完整技能进行学习。领会教学法是完整教学法的变形和提高，它从强调动作技术转向培养学生认知能力和兴趣，让学生从整体上了解项目进而深入学习动作技术所采用的方法。循环练习法是根据教学和锻炼的需要，选定若干练习手段，设置若干个相应的练习站，学生按规定顺序、路线和练习要求，逐站依次练习并循环的方法。循环练习法主要有流水式和分组轮换式两种。运动游戏法通常有一定的情节和简单的规则，内容与形式多种多样，多偏重学生在游戏过程中的体验。竞赛法是指在具体的规则和要求下，通过组织学生比赛进行技能展示与比拼的一种教学方法。严格地讲比赛也是游戏的一种形式，但它比运动游戏更注重竞技性，也能够更好地激发学生的积极性与参与热情。

以上介绍了一些体育教学中常用到的教学方法，其中需要明确的是，在实际的体育教学中，教师应该以创新的思维去使用教学方法，需要根据具体的教学实际来选择教学方法。在一节体育课中不可能罗列与运用所有的教学方法，需要根据具体的情境，选择最适合的教学方法。体育教师在课堂教学设计中可以根据教学内容的特点、教学对象的具体情况、学校场地器材条件等来选择相应的教学方法。

（四）确定教学组织形式

教学组织形式是指在体育教学过程中，为了更加高效地达成课堂教学目标及完成任务要求，教师安排学生进行练习的一种基本活动形式。有效的教学组织形式能大大提高教学效率，使整个教学过程更加切合实际，从而使课堂教学有序、高效地展开。教学组织形式主要有集体组织形式和分组组织形式两种。集体组织形式主要是以全体学生进行集中学习或练习的一种方式，多在集中讲解示范、单一重复动作练习、集体热身和集体放松中采用，一般用于准备部分和结束部分。而分组组织形式主要是将学生划分成不同小组来进行练习的一种方式。一般多用于基本部分，在分组时教师可根据练习要求和内容的不同，采用不同的分组形式。

总之，成功的教学组织形式应根据不同性质的教材、不同单元目标及课堂目标，而去选择教学组织形式。尽量使所选用的教学组织形式有利于教学活动的顺利开展，有利于学生的有效学习。合理地设计教学组织形式，对于高效利用场地、器材，提升运动负荷以及提高教学质量具有重要意义。

六、教学媒介与场地器材布置

教学媒介是传递教学信息的工具，它的使用更大意义在于促进学生的高效学习。体育教学最突出动作技术的学习和直观感受体验。因此，现代体育教学中会常常使用一些教学辅助工具，为的是使教学效果达到最优化。例如，体育教学中常用到的挂图、战术板、视频播放器、音响等，都是为了更好地教学而使用的。如在进行篮球二过一进攻战术教学时，可借用篮球的战术板，来加深学生对战术的理解；也可以采用观看视频的形式来直观感受并学习；在练习时可以使用音响播放符合练习节奏的音乐，来带动学生积极地投入到练习中去；等等。

对于场地器材的布置来说，主要原则就是要有利于教学目标的达成，有利于教学安全。教师在教学设计时，要考虑到学校的客观条件、学生和教学内容的特点，有效地去设计和使用场地器材。有必要时教师可以根据实际情况进行场地器材的开发或改造利用。对于场地器材的布置还有一个重要因素需要考虑，那就是安全因素，器材摆放的范围不宜太大，如果是两个项目轮换练习，两个项目场地布置相距不要太远，尽量在教师的视野内，以便管理和及时处理突发事件。

七、预设课堂运动负荷

预设运动负荷主要是指在体育教学过程中对学生运动量和运动强度的预先设计。一般在教学设计中会以平均心率、强度指数、练习密度等指标来进行衡量。因此，在进行课堂教学设计时会对这几项指标进行预设，以达到一定的锻炼效果。

心率是指心脏在单位时间内所跳动的频数，它是心脏活动的生理指标之一，由于测量简单而实用，又能较客观、灵活地反映运动量对人体的影响，因而常用为运动负荷的预设指标。正确认识体育课的平均心率这一重要指标，对合理安排体育课的运动量，提高体育教学质量具有重要意义。教师在备课时首先要做到心中有数，在组织编排时要注意合理搭配不同性质、不同强度的练习内容。对待不同年级的学生、不同类型的教学内容，或是不同的学习阶段，对平均心率的预设是不同的，教师要在备课中预设好学生所能达到的平均心率，能够针对不同的要求设计出不同的运动心率取向。

同时，教师要注意合理调控学生运动负荷，以使学生的心率控制在合理范围，不至于出现伤害事故。体育课的平均心率计算方法是体育课开始后到结束前的时间，以固定时间进行心率测量，进而测算所得到的平均值。

对体育学科来说，需要强调的是要在课堂上尽量地提高练习密度，因为体育课程最大的特点是通过合理负荷的反复身体练习才能掌握技能、发展身心。练习密度在一定程度上会影响到教学质量和效果。

八、预设体育教学评价

教学评价是检验教学目标实现情况的手段之一。在教学中，教学评价应该贯穿于教学活动的全过程。评价的依据主要是教师所预设的教学目标。教师要根据目标的要求对本节课进行评价，这是对教学效果的检验。其中最主要的部分就是对学生的学习成果进行评价。教师可以在备课的过程中预设好所要评价的时机和采用的评价方法与手段。设计教学评价一方面可以激励学生不断地进行学习，另一方面也是检验学生在本节课的学习过程中所取得的成果。另外，对于教师来说也是反思的过程，这是不断提升教学效果的关键。

第三节　体育课堂教学的科学管理

体育教学的中心环节是课堂教学，要提高教学的质量，就必须优化教学过程。每个体育教师在上课时都会有一些收获或不足，无论多么成功的教学课，总是存在可改进的地方，为使其臻于完满，就需要对体育课堂教学进行管理优化。

一、建立体育课堂教学常规

体育与健康课堂教学常规，是为了保证体育教学工作的正常进行，对师生的教与学提出一系列的基本要求，是学校体育教学管理的一项工作。规范体育与健康课堂常规，不仅有助于建立正常的教学秩序，严密课堂组织，而且对加强学生的思想品德教育，促进学生身心的健康发展都有十分重要的作用。

（一）课前常规

教师课前的常规包括两点：第一，教师课前的准备和编写教案。教师课前应主动与班主任及体育干部约定，及时了解所上体育课班级的学生情况，并根据了解的情况认真备课，写好教案。第二，场地、器械的准备和清洁卫生工作。应组织指导学生或亲自动手，及时布置和检查场地，准备教具，一切准备工作应在课前准备就绪。

学生在体育课前应充分休息，饮食适度。若因病伤、女生例假不能正常上课，课前由体育干部或学生自己主动向教师说明，教师应根据不同情况，分别妥善安排。

师生在检查和整理好自己的服装（只能穿运动服、运动鞋）后，应按约定的课前几分钟到达规定的集合地点，等候上课。

（二）课中常规

1. 教师课中的常规包含四点：①教师待体育干部报告后，向学生宣布本节课的教学目标、内容要求等教学安排，并指出这节课易出现的安全问题，然后逐步按计划进入教学状态；②教师按教案进行教学，在无特殊情况下，不得随意更改，关心爱护所有学生，对学生进行适时鼓励，与学生共同创建和乐的教学气氛；③注意安全卫生，检查学生执行规定的目标、要求等情况的规定，以求面向全体学生；④课结束时，进行小结和讲评，让学生及时知道课中的表现，提出课后学习的要求，预告下节课的内容，布置学生课后归还器械和进行场地整理工作，有始有终地结束一堂课。

2. 学生课中的常规包含四点：①学生准时按指定地点集合上课，上课铃响后，体育干部进行整队，向教师报告班级情况；②学生上课时，要专心听讲，仔细观看教师动作示范和启发引导，并积极思考，分析理解动作要领，有疑难问题及时提出，有机地把大脑思维与动作练习结合起来；③学生须自觉遵守课堂纪律，爱护场地、器械，在教师的引导下，与教师共同努力完成课的各项目标；④课结束时，学生进行自我评价和对他人评价，并协助体育教师归还器械和场地整理工作。

（三）课后常规

1. 教师每次课后，应及时进行教学反思，并做好书面总结，如总结经验、提出改进措施等。

2. 教师要检查布置学生课后归还器材等工作的执行情况，以保证下节课教学的正常进行。

3. 对缺课的学生，要做好书面考勤记录，并进一步调查清楚，必要时给予补课或课外辅导。

二、合作学习小组形式及其管理

（一）合作学习小组的形式

"合作学习教学模式是体育教学模式中非常重要的一个，对提高学生的学习兴趣、提升教学质量非常有帮助。"[①]

1. 自主结合。在体育教学中，许多练习内容可以让学生自主结合成为练习伙伴。由于平时的相处彼此有较深的了解，感情融洽，在体育技能的练习中，他们会合作得很好，互为指导者，互相切磋技艺，取长补短，彼此都能为对方较准确地完成动作而由衷地喝彩。自主结合在形式上虽与传统的分组教学相似，但在组成原则、方法和指导思想上则完全不同，它突出了学生性格的相似性、交流的接近性、帮助的互补性。使学生学习目标整合，志趣相投、心理相容、智能互补，社会交往动机得到较好的满足。有时候当一方遇到困难时，另一方会真诚地鼓励其增强完成动作的信心。

2. 自主学习。体育教学过程是学生自主学习能力发展的过程，教师应以学生认识问题和解决问题的能力为出发点，培养学生的思考能力、观察能力和实践能力；在创设情境下不断启发学生思维，找到发挥学生自主性的"引子"，改变"管理约束性"的教学为"启发、宽容、帮助性"的教学。

3. 自由选择练习手段。学生之间存在着身体素质差异、生理差异、个性爱好差异及学习目的态度和方法上的差异等。教师在教学时，要根据教材内容有针对性地提出多种练习手段，由各合作学习小组集体讨论，结合本小组实际选用学生喜欢的、新颖的练习，可以多选多练；学生不喜欢的练习，可以少选、少练或不选、不练，达到学生自己选择练习手段的目的。

4. 自由支配练习时间和练习次数。这是在教师指导下的自由支配练习时间和练习次数。在体育教学过程中，课内练习时间和练习次数不要固定死，教师在教学中应把握抓大放小的原则，教材中一些基本的环节由老师把握住，一些小的环节可以让学生自己去尝试。例如，准备活动，徒手操由体育委员或学生轮流担任领操员，教师提示练习时间和次数，领操员按要求一边呼口令一边领操；根据天气的冷暖情况或教材的需要，教师提示练习内容，让学生按合作学习小组自己去安排练习；放松活动、小游戏活动也可如此。通过合作学习，让学生获得自主练习的时间和空间，这样既培养了学生的操作能力，又让学生

① 陈立伟，刘引. 美国合作学习教学模式对我国体育教学的启示［J］. 教学与管理（理论版），2014（7）：148.

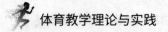

体验了时间的价值观。

5. 自由交往。学生在合作学习中，受社会交往动机驱使，学生相互之间的交往，老师应给予鼓励和引导。通过学生之间的相互交往，可以规范学生的行为，缩短心理距离，增强合作学习小组的凝聚力。

（二）合作学习小组的管理

1. 选择适当的合作时机。教师应根据教学内容、学生情况和教学条件等，选择适当的内容、时机和次数让学生进行合作学习。一般来说，较简单的学习内容，只需要开展全班教学，而较复杂、综合的学习内容，则可以采用小组合作学习方式。教师要根据教学内容的特点精心设计小组合作学习，为学生提供适当的、带有一定挑战性的学习任务。合作学习的任务，可以是教师在教学的重点、难点处设计的任务，也可以是学生主动提出的，但一节课中不宜安排过多的小组合作学习次数和时间，防止形式化。

2. 建立有序的合作规则。小组合作学习能使课堂气氛活跃起来，但同时也给维持教学秩序带来困难，很容易使课堂教学产生看似热闹实则混乱的局面。这就需要一套有序的合作规则，规则可以全班同学一起制定，并通过强调和平常的要求形成习惯。

3. 营造良好的学习氛围。教师要为小组合作学习营造一个宽松、自由的学习氛围，采用多种形式鼓励学生尤其是学困生积极地参与活动，让学生充分体会到合作学习的乐趣。同时，教师也应平等地参与到小组合作学习中去。也要提供充足的合作学习时间，没有一定的时间，合作学习将会流于形式。因此，教师要给学生提供充分的练习、探究、讨论、交流的时间，让每个学生都有机会和相互补充、更正的时间，使不同层次学生的智慧都得到发挥。

4. 采用多样化的评价和奖励方式。教师除对小组学习结果要进行恰当的评价外，更要注重对学生的合作态度、合作方法、参与程度的评价，要更多地关注学生的交流、协作情况，对表现突出的小组和个人应及时给予充分的肯定和奖励。

三、体育课堂教学中的沟通技巧

（一）正向情感沟通

"师生互动教学改变了师生传统的教与学的关系，形成师生间双向平等的互动关系。"① 师生良好的情绪状态对课堂教学具有促进作用，营造和谐、平等与互动的育人环境有利于产生积极的正向情感，符合师生双方沟通的意向。

1. 积极的意愿与教师个人的态度调适。师生沟通必须双方都有积极的意愿，而处于教学主导地位的教师个人态度调适，对双方沟通起着主要作用，其沟通技巧具体体现在三方面：①保持好的心情。体育教师工作复杂而劳累，有时实在令人难以挤出一丝笑容来面对学生，也常因为个人的状况而难以掌控自己的情绪，在盛怒或烦躁之下，极易发生冲突。事实上，拥有一个好心情走进课堂，常常会从中找到自己和学生的可取之处；试着每天提醒自己带着好心情来到学校，相信和谐、融洽、轻松的师生关系会感染大家，学生对体育运动会更加喜爱。②给予爱与关怀。身为教师我们通常能够很大方地给运动素质好、表现优异的学生积极的爱、支持与鼓励，对运动素质较差及令人头痛的学生常常是挑剔和指责，对于表现平平的学生则把他们放在无须多加照顾的地域。事实上，被爱与被关怀是每个人最基本的需求，对每个学生来说，他们都希望得到正向的爱与关怀。③保持弹性，创造幽默。师生相处需要一些润滑剂，坚持立场容易让双方关系卡住，此时教师如能加入一些幽默的言语，则可缓解紧张的气氛，增加师生关系的动力。

2. 对话与理解。以教师为主导、以学生为主体的平等、合作式的新型师生关系，强调的是教师与学生之间不能是教训与被教训、灌输与被灌输、征服与被征服的关系，而应是平等的、对话式的、充满爱心的双向交流关系。通过这个对话的过程，教师和学生要达到一种主体间的双向理解，教师不再是凌驾于学生之上的唯一权威，师生双方都是主体，双方一起探究世界、探究知识。

3. 与学生建立和谐的关系。良好的互动关系基础不应只是建立在正式的课堂教学中，虽说技能学习是体育教学的重要目的，但绝不是唯一目的。教师可以影响学生一辈子，但前提是教师与学生建立了良好的关系，且互动是以学生的感觉为基础，否则对学生的影响力就很有限。例如：教师往往喜欢那些运动成绩好的学生，或对自己教学有帮助的学生；学生往往钦佩示范动作优美、语言风趣或在某方面吸引自己的教师。因此，和谐关系所代表的意义，即信任学生、尊重教师，教师同样热爱学生。学生积极与教师合作，努力完成教师为他们所设定的教学目标，教学活动会更有趣。

（二）有效信息沟通

体育教学中的信息沟通是师生双方信息的交流和贯通。沟通的内容主要是课堂教学中

---

① 刘锦. 大学体育课堂教学师生互动模式探讨 [J]. 黑龙江高教研究, 2016 (3)：163.

关于教学、学习及其他与体育活动有关的信息。"以人的发展为本"的课程改革理念，它提供了师生共同发展的平台，在师生平等相待的情境中，师生共同面对的就不仅仅是知识和教材，而是更为广泛的现实生活。因此，在师生双方对教学内容、体育知识、协作精神、行为观念及其他方面存在认知上的差异、误区时，需要进行信息沟通。

1. 传送与接收信息的技巧。有效的沟通存在于聆听后能解读传送者所想要传达的信息。其正确、清楚的传送信息方法包含六点：①尽量使用易懂和亲善的语言及动作；②少用主观判断，适当情况下可做些让步，在许可范围内，给学生更多自我选择的空间；③试着接受学生的观点，做个细心的听众，以诚挚的态度，仔细聆听学生所提的问题，适时地给予关怀；④对学生及教师本身的感觉反应敏锐；⑤使用有效的专注技巧，如目光接触、表情、手势等非口语行为；⑥重视自己的感觉，注意传送者的非口语提示。

2. 对学生评价要前后一致。对待学生的行为是否一致是非常重要的，昨天可以接受学生的这类行为，到了今天，却因同样的行为而处罚学生，这样前后不一致的态度，会给学生一个错误的信息，通常被学生视为恶劣的行径，将会严重破坏师生间和谐的关系。因此，体育教师必须了解学生哪些行为是可以被接受的，哪些行为是需要立即阻止的，然后，进一步观察学生这些行为的实际表现。

3. 爱与平等。爱与平等就是要用爱心去对待每一个学生，尊重每一个学生的差异性、创造性、运动能力。随着课程改革的运行，教师的角色要由传统意义上知识的传授者和学生的管理者转变为学生发展的促进者、帮助者，要让学生真正成为学习的主人，成为个体发展的主人。而这所有的一切必须以"爱"为前提。教师要在学生中树立威信，但这种威信不是靠外在的管制与压迫，而是源于教师的人格、学识和智慧，从而受到学生的尊敬与向往。

第四节　体育说课与模拟上课教学

说课和模拟上课是国家基础教育体育课程改革背景下出现的新生事物，是提高体育教师教学基本能力的重要手段之一。

当前，开展各具特色的教研活动、举办各类体育教师教学能力基本功比赛、立志当体育老师的毕业生入职考试等，都涉及说课、模拟上课的技能。可见说课、模拟上课与教师的成长和发展以及与教师的集体协作等，都有着密切的关系。

一、体育说课教学

说课作为学校体育教研的一种形式，现已成为教师认真备课、钻研、探讨教学问题的好方法，是提高教师素质、培养造就研究型教师的有效途径之一。说课不仅丰富了备课内容，而且也为促成有效课堂教学奠定了基础。备课是教师凭借掌握的知识及课堂经验去思考设计课堂，而这种思考是隐性的；上课是传授体育知识、技能，培养学生能力的基本形式；说课则结合了备课与上课的优点，教师把自己隐性的思维过程及其设计教学活动的理论依据用简洁清晰的语言表达出来。在说课过程中难免会发现备课中不易发现的问题，通过补充、加工、修改进而提高教学准备的充足性。

自有教育以来，教师备课基本上是一种个体活动。就当初教育的规模、教育的要求而言，这一种个体活动的方式尚能适应教育的需求。随着教育的发展，无论是现代社会对教育的需求，还是教育自身发展的需要，都迫切要求改变传统学校里那种权威式的传授知识的方式。教育将是一种要求更高、发展更快、更需要合作的、全社会的、跨学科的、终身的、借助信息技术的综合性学科，学校教育要适应这种发展的需要，必须变更传统的方法，注入现代教育科学的理论和方法。

体育学科中的说课是在 20 世纪 90 年代其他学科"说课"活动的基础上进行移植、借鉴而开展起来的一项教研活动。作为体育教研活动的一种方式，体育说课是教师对教学活动设计的阐述。说课活动有效地调动了体育教师投身教学改革、学习教育与专业理论、钻研体育课堂教学的积极性。

当前，社会的变革、教育的发展，正在促使教师的作用发生变更，权威式的传递知识办法正在转向通过花费更多时间判断学习者的需要，推动和鼓励学生学习，通过考核或者竞赛促进学生对运动技能的掌握与运用。因此，如何提高教师的素质，改革教育教学方法，显得更为迫切、更为重要。虽然提高教师素质的途径是多方面的，但不外乎来自两个方面：一是外在的，如培训、听经验介绍等；二是内在的，如自学、实践研究等。无论来自哪一方面的学习或培训，最终均要通过教师的自身参与发挥作用。外因是变化的条件，内因是变化的根据。许多成功的经验都说明了只有教师发挥主观能动性，坚持不懈地投身于教育教学改革的实践，才能在实践中不断进取提高。

说课活动作为一种教学研究的方式，是一种外在的力量，但它又需要通过教师自身的参与才能达到目的。因此，说课是借助外力，促使教师内因发生变化的杠杆。这种有明确目的、为教学所需求的活动，旨在提高教师素质和课堂教学质量。通过其固有的活动方式，能有效地提高教师的教学业务水平，并在课堂教学研究中发挥它的作用。说课的基本方式是运用现代教学任务分析技术，把教材研究的方式用一定的教学技术规范化，有助于教材研究成为每一位教师都易于掌握的技术，有利于教师把握教材，提高教材研究的水平，使传统的教学活动注入了现代教育的要求。

说课活动极大地调动了体育教师投身教学研究、学习教育理论、精通专业理论、钻研课堂教学的积极性。说课，对于教师了解、研究和评价一节课，专题研究某一教学内容以及培养和提高教师课堂教学水平具有重要的意义：说课能反映教师课前课后的各种活动、教学设计理念以及课的实施过程中教学策略与认识等；这种教研活动为我们寻找到了运用集体智慧共同提升教师教学水平的有效途径；在一定意义上它也找到了教学理论和教学实践的有机结合点，找到了课堂教学中几个关键要素，即备课、上课、评课的有机结合点。

由此一来，教师将体育教学的理论与实践有机地结合起来，并将备中说、说中评、评中研、研中学集为一体，这是优化课堂设计、提高教学效果、强化教学水平的一种有效途径。这种把个人研究与集体研讨融为一体的教学研究活动，既能集众人的智慧，又能扬个人的风格，使学校教研组活动真正成为落实学校体育教育教学工作的基本阵地。

说课的兴起是教育事业发展的需要，随着教育改革的深入，说课将作为教学研究的一种形式，在发挥其应有的作用中获得发展。说课的好处很多，从不同的角度去看，有不同的答案。根据实践和理解，体育说课在教学活动中的意义主要包括以下五方面：

（一）营造和谐教研氛围

自从提出了体育说课的概念，广大体育教师就能够迅速地接受它，并且把它转化为自己的教学实践行为。由此不难看出，说课这项教研活动有利于各学科的教师从理论走向实践，有利于教师从实践中不断反思，有利于教师从集体的智慧中汲取营养，这也是一线体育教师教学实践的迫切需要。

体育说课是将静态的个人备课转化为动态的集体探究，由此形成一种发挥群体优势的研讨氛围，教师在说课中所阐述的教学设计往往是带有自创性的经验成果，它所营造的教研氛围，有助于引导广大教师自觉地从经验型向探究型、学术型转变。在说课现场，参与的专家或评委的评价能充分体现真实性和准确性，以较高的教育素养、鉴别能力进行高层次的切磋和交流，这就很自然地增强了教和研的深度，有利于教师认识教学规律，把握教学研究的方法，提高教学研究的能力，有效地改变体育教师只"教"不"研"的现状，促使"教"和"研"的有机结合。

目前说课主要以一种同事、同行间共同探讨的形式，针对具体问题各自提出自己的看法和建议，在和谐中养成自觉探究和思考教学问题的良好习惯，这为学校体育教研活动的开展营造了一个良好的氛围。

（二）促进教师专业发展

体育教师专业发展是教师专业成长或教师内在专业结构不断更新、演进和丰富的过程，包括观念、知识、能力、专业态度、动机、自我专业发展需要的意识等方面。体育说课不仅要求体育教师立足于实践，而且要求教师必须有一定的理论素养，这样才能使说课以一种最精练的、最准确的方式把其所有想法表达出来。

短短 20 分钟左右的说课，实际上能够比较全面地折射出一个教师的基本素质。体育说课要求说课者既要有深厚的体育学科专业知识，又要有较好的体育教育教学理论知识，更需要有较强的体育理论联系实际的应用能力和研究能力。因此，教师要说好课，为寻求本人教学特色的理论支撑点，不仅要认真钻研教材，而且要自觉学习相关的体育教育教学理论，还要查阅大量相关教育的信息资料。

说课活动的开展，促使教师从看教学参考书、教案转移到认真学习、钻研教育教学理论上来，把刻苦学习教育学、体育心理学、体育教学基本原理等理论知识作为一种直接的内在心理需求，养成自觉运用体育教育教学理论指导教学实践的习惯，促进体育教师走"自我更新"的专业发展之路。在基础教育课程改革的背景下，教师传统的教学观念、教学方式将受到前所未有的挑战，其中很多都关系到理论与实践结合的问题，如体育教学理念的转换、教学内容的选择、教学目标的把握、教学方式方法的更新、学生评价的合理性与准确操作等。

每个教育者面对的是不同的教育环境、教学内容和教学对象，这需要教师具备根据实际情况进行有效教学的能力，而不是靠生搬硬套现有的教学模式。体育说课教研形式是在激发个人和集体智慧中融合每一位体育教师的智慧，把个人困惑或难以解决的问题，在集体的智慧中融解。体育教师专业发展的路径很多，有暂时的培训提高，有集中的学习或其他自学方式，而说课恰恰是立足于教师的教学本质，立足于体育教学实践，是对教师真实的教学状态、教学水平的一种检验和激励。同时还能促进教师之间的有效合作，促进学校体育教育整体水平的有效提高。

（三）助于教师教学反思

教学反思是教师自觉地把自己的课堂教学实践作为认识对象，进行全面、深入的思考，再以体会、感想、启示等形式进行总结。反思自己的教学行为，对整个教学过程进行回顾、分析和审视，总结教学的得失与成败，才能形成自我反思的意识和自我监控的能力，才能不断丰富自我素质，提升自我发展能力，逐步完善教学艺术。体育教师说课是把体育教学理念、教学目的、教学内容和教学方式方法融为一体的过程，它反映的是教师对教学理念、教学策略和教学设计的思考。

对于说课者来说，说课是要把课堂教学操作行为以概括性的语言阐述出来。因此，说课对每个教师来说都有一定的内在驱动力，它能引发教师去思考，去努力完善自我。说课这种活动方式，也无形地引领教师对教学进行比较系统和深层次的反思，反思的意义在于对原教学中一些问题进行归纳和解决。每位体育教师在教学实践中都有自己独特的体验或经验，教师都希望在集体活动中能有独特见解或有所创新，这样的集体活动氛围，有助于激发教师对课程改革的思考，对教学方式方法的更新，对如何有效教学的思考。

创新源自对问题和对现状的反思，创新需要一些真正能激活教师思维的动力。说课就能够促成教师在反思基础上去发现问题，去寻找新的突破点，这样就容易引起教师在教学上的创新。因此，说课是一种形式和手段，当我们很好地把握了这个手段，很好地对体育教学规律、教学本质加以理解和认识时，这种手段就会带来巨大的教学变革。

说课要求教师在对教学设计进行表达时要讲清为什么要这样教、如此设计与众不同之处在哪里，这样就往往将教学思路引向如何改变教学和行为，使得教师能够进一步推进教学改革，实现教学创新。从此种意义上来说，说课是促进教学反思和推进课程改革的有效手段。

（四）搭建教师交流平台

课程改革在很大程度上离不开教师的集体合作，说课能加强教师间的集体合作意识。体育课程内容庞杂，具有很强的综合性。体育教学活动离不开场地器材的统筹安排，离不开学校体育活动有序的排列和教师之间的配合。体育运动项目繁多，众多学生有不同的运动兴趣与爱好，如何去满足不同性别、不同年龄学生的运动兴趣，如何有效开展体育教学等，这些问题，如果在集体的合作中，就有可能得到解决。

说课这个教研活动能有效地让教师聚集在一起，共同探讨每一个人所遇到的问题，在和谐的教研氛围中，容易达成共识或找到最佳的解决方案。过去我们在教学研究、教学总结等方面做得还不够细致，以至于在很多情况下，一线体育教师在教学实践中做得很好，但在说课时却不知道如何去表达、如何去提炼总结，结果就会使得教师一谈起教学科研时就觉得自己不行，这样的事情只有专家才行。在现实教学中，如何才能有效地把每个教师的实践操作与理论知识结合从而转化为教学资源，是每位教师面临的问题。

通过说课可以为广大教师提供一个广泛交流、表达和展示才能的平台。通过说课，教师可以把自己在教学中所总结和秉持的教学观点、教学认识、积累的教学经验甚至是自己在教学中所产生的情感以及自己的所想所思，通过说课的具体方式形象地表达出来，以便与同行进行广泛的交流和总结，这样不但能够提高教师的教学水平，而且还能够通过某一单元、某一课的教学内容概括出新的理念，获得更多经验。

（五）促进体育教学评估

很多学校、教育行政部门由于看到说课这项教研活动在推进教学改革、提高教师专业能力、促进学校整体发展方面有着积极意义，同时具有可操作性、可评价性，所以把说课纳入教学管理、教学评估之中。目前我国很多学校在聘任体育教师时，就以说课来考查入职教师的专业能力和专业水平，所以，说课已成为评估教师能力和水平的一个重要方式。近些年来，说课能迅速地从一个研究成果转化为政府部门的决策，转化为教师的实践行为，也从另一个侧面说明了说课的价值所在。

说课与备课、上课等教学环节既为一体又有区别。说课是对备课、上课等教学环节的规范与制约，但三者又有着共同的目标指向，因而又是统一的。这就要求我们在体育教学实践中既要抓住各自的实质，明确各自的不同任务和特点，不能相互混淆或取代，但又不能割裂它们之间的联系，即不能脱离备课与上课去孤立地研究说课。

说课要以备课为基础，以上课为归宿，架起由备课通向上课的桥梁，使各个教学环节构成一个紧密的链条，据此形成教学设计、说课、上课的理论与实践融合的教学整体。由于没有严格的规范要求，说课内容的逐渐扩大，在体育课堂上应该出现的内容必须在体育说课中出现，这就是混淆了说课和上课的相对独立性，同时忽视了三者之间的辩证统一性，将体育说课作为获得好评、晋升、获奖等的手段，置三者真正的目的于不顾，使得体育说课偏离了应有的目的和发展方向。体育说课应该服务于教学或服务于教师的专业发展和学生的全面发展。

体育说课的核心问题可使教师在备课、上课过程中的理论依据得以充分体现。体育说课中不仅要说"实"，即说出教什么、怎么教，而且还要说"虚"，即说出教什么和怎么教的理论依据。这样就能够使体育教师的教学冲破狭隘的个人经验与习惯，使教学成为高度自觉合理的活动。

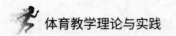

二、体育模拟上课教学

模拟上课是在没有学生的情况下，通过教师的讲述，将预设的课堂教学虚拟展现出来的一种展演课的形式。模拟上课与现场上课不一样，与说课和课堂实录也不一样。

模拟上课，是一种模仿真实的课堂，即在没有学生参与的场景下完成的虚拟教学活动。由于模拟上课所用时间短，又不受场地、天气、器材等因素的限制，所以发展非常迅速，在招聘、评课、赛课、职称评定中频繁出现，成为考查、评定教师教学技能的方式之一，目前更是受到广泛运用。模拟上课作为一种新型的教研活动方式，弥补了说课时不能考查体育教师运动技能的不足，它对教师的专业发展提供了帮助。

在体育教师的教学基本能力中，备课是上好课的前提，备课给教学提供理论依据，说课能促进教学思考，"模课"更能将理论升华、实践绽放。由备课到模拟上课，体育教师需要精确地把握学情和教情，改善预设，提高应变能力，思考如何教好。这样，从根本上提高教师的备课质量，使课堂教学更加科学、合理、可操作和有效。课堂教学是师生互动的双边活动，体育模拟上课能将真实的课堂"浓缩"，将冗长的课堂教学的时间进行压缩，虽然不能十分精确地反映上课的实情，但至少给更多的教师展示驾驭课堂的平台，是说课的一种补充和延伸，主题鲜明，重点突出，是经济、实效的教研活动。体育模拟上课对教师的专业素养有一定的要求，这就促使教师要不断地学习、充实，更新理念，提高理论水平。模拟上课时教师要用自己的语言和动作展示教学思路和设想，这无形中提高了教师的语言组织能力和表达能力，以及动作示范和课堂组织能力，促进体育教师自身的素质提高。

与说课相比，体育模拟上课更侧重于教师综合素质和实践能力的反映，因此也更适合当前的教育改革趋势。说课要说教材的内容、地位、教学目标、重难点，不仅要说出"怎样教"，还要说清"为什么这样教"，要让听者不仅知其然，还要知其所以然，比较侧重理性层面。模拟上课则是说课的延伸和补充，选取说课中的教学流程这一部分把它具体化，把"教材的内容、地位、教学目标、重难点等"通过模拟上课表现出来，更侧重于它的实践性。体育教师在模拟上课过程中模仿实际教学情境，但没有学生的配合，把需要40分钟的实际体育课堂教学在15分钟之内展现出来，从体育的特性来看，比模拟文化课堂难度更大。模拟上课与说课中说教学流程有一个共同的特点，就是应抓住本节课教师认为是亮点或重点的地方加以重点突破，详细阐述与展示。

基于模拟上课是实践教学的浓缩版，是教师模拟上课的真实情境，是把体育课堂教学中的过程在没有学生的情况下用自己的肢体动作、场地器材变化、语言表达，以虚拟的活动形式描述出来的特点，模拟上课能更真实地反映出教师的基本素质、业务水平和组织教学能力等。模拟上课与真实上课的主要区别是没有学生的直接参与，它要求教师做好充分的预设并在相应的学生活动环节中巧妙过渡。真实上课除了有学生的互动参与，还掺杂了突发的、不可预见的体育教学事件，对教师的课堂调控能力和教学洞察力有更高的要求。

模拟上课将个人备课、教学研究与上课实践有机结合在一起，突出教学活动中的主要矛盾和本质特征，同时又能摒弃次要的非本质因素，使教学研究的对象从客观实体中直接抽象出来，具有省时、高效的特点。它把传统的说课和课堂教学合二为一，浓缩并结合，更高层次地展现了教师的综合素质。

模拟上课能较好体现体育教师的教学技能和模仿能力，它整合了传统的说课和真实上课的一些优势，丰富了教学手段。体育模拟上课教学形式是评价教师教学专业基本技能的方法手段之一，也是教师获得钻研教材教法、关注学法经验的重要途径。但体育模拟上课的不足之处也是明显的，课堂上只有预设的突发事件，不能很好展现教师处理突发事件的能力，对教材内容融合缺乏仿真的灵活运用。

因此，体育教师要不断提升自身的教学基本功，扬长避短、用巧补拙，注重环节、把握细节、突出重点，在模拟上课时，注重与真实课堂教学有机结合，最终达到教学最优化，使模拟上课绽放光彩。

思考与练习

1. 体育课堂教学进行有效备课的重点有哪些？
2. 简述体育课堂教学设计的主要流程。
3. 合作学习小组主要包括哪些形式？
4. 简单阐述体育说课教学的意义。

第五章 体育教学评价分析

第一节 体育教学评价的内涵与原则

一、体育教学评价的内涵

"随着对评价理论与实践研究的深入,评价在各专业领域的应用日益广泛。"[①] 体育教学评价的基本理念主要是作为评价者在进行评价活动过程中所持有的看法或思想,是评价者在进行评价时秉承的思想基础。国外对于教学评价的理念比较多元化,其主要是由于对待教学评价的价值取向的不同。在我国,教学评价的过程中多会以学科课程标准为依据。在进行课堂评价前,必须对体育学科课程标准有清晰的认识与理解,这样才会使教学评价更加科学合理。

我国进入基础课程改革以来,各学科也制定了各自的课程标准,这是指导广大教师进行教育教学的依据。在体育教学评价时,着重要评判体育教学中教师的"教"和学生的"学"是否紧紧围绕培养学生的学科核心素养来进行的。只有以此为依据来分析体育教学活动的开展,才能正确判断通过课堂教学,学生是否在运动能力、健康行为和体育品德三方面得到了发展。

二、体育教学评价的原则

体育教学评价既是一种艺术,也是一种技术。体育教学评价是需要评价者根据自己的专业经验和相关理论观念,来对授课者的体育教育教学活动进行分析评议的过程。体育教学评价的过程可以说是一种智慧的体现,也可以说是一种观点的表达,它在一定程度上带

---

① 金红珍. 体育教学评价的元评价及其量化分析模型 [J]. 天津体育学院学报, 2006, 21 (5): 436.

有浓重的主观色彩。同时，体育教学评价是讲究科学与方法的，在体育教学评价实施的过程中，要遵循一定的法则或标准，即体育教学评价的原则。

（一）目的性原则

体育教学评价的目的性原则，主要是指教学评价者对所承担的体育教学评价的目的要明确，需求要清晰，在教学评价中要围绕教学评价的目的与需求来确定教学评价的任务与行动。体育教学评价的宗旨就是要促进学生与教师的发展，提高体育教育教学的质量或效果。在进行的体育教学评价活动中，要始终围绕这一宗旨来进行。

同时，还要把握好体育教学评价活动的具体目的与操作指向，即要明确这次教学评价活动的主要目的是什么。根据不同的教学评价目的与需要，来选用不同类型的教学评价方式与标准。例如：教学评价的目的是要对体育教师所上的体育课进行鉴别、排序，那么教学评价者在体育课堂评价的过程中就要注重对每位上课教师所上的体育课进行优劣的判别，就可以采用等级评比类的教学评价方式来进行教学评价。

（二）整体性原则

体育教学评价的整体性原则，主要是指课的评价者在评析时应以完整的教学目标与教学全过程做对照，对全局有总体认识，然后在此基础上对教学的局部或教学某一主线做出整体与局部的关联性评价。要科学地处理点与面、局部与整体的关联。对执教者的评价也要以一堂课状况与平时多堂课状况联系起来综合考虑，尽量避免仅凭一两节课就给执教者的教学水平下结论的片面做法。

体育教学评价大多是观察与评价一堂课，但评价的并不应该是单纯的一堂课，还应该涉及本堂课内容在整个教学过程中的意义或衔接程度。体育的学习是呈系统性的，如果教学评价活动仅仅只是针对一堂课或一堂课中的某个环节的评价是不合理、不完整的，应该从整体层面综合、全面地去评价课堂。还应综合一个教师的多种表现，而不能"一课定终身"。教学评价者应树立整体意识，兼顾到教学评价中的各主要因素，这样才能充分做好教学评价工作。

（三）激励性原则

体育教学评价的激励性原则，主要是指教学评价者要对执教者的教育教学表现优秀的地方给予积极的评价，并且能够通过评价活动中的评价，来激发广大参与教学评价的教师积极地投入到教育教学研究中去。激励性原则主要是依托于一种轻松、愉快的教学评价气氛而体现的。

体育教学评价的激励性原则，不仅仅体现在对执教者的激励，还体现在对参与评价活动的广大教师的激励。激励性原则是通过充分肯定执教者的成功之处，让执教者在评语中得到信心，产生成功感和愉悦感，进而学会不断地反思。对于参与教学评价活动的教师而言，通过评价观摩优秀的示范课，以及教学评价者对示范课的分析评价，可以促使自己不断反思学习、不断研究探索。

（四）针对性原则

体育教学评价的针对性原则主要是指教学评价者对待不同的课堂评价情况要做出不同的判断与不同的评价指向，并且在进行分析与教学评价时要详细具体、有侧重点。体育教学评价的针对性原则的体现，是需要教学评价者在进行评价活动之前做好充足的分析与准备。

在进行教学评价之前应该清楚，面对不同类型的体育课、不同水平的教师、不同类型的学校或学生，教学评价者应该有针对性地去进行分析与评价，要做到适宜此时的评价情况。例如，针对不同的课型，应该采用不同的评价标准，不能用同一评价标准来评价不同类型的课；对不同执教年龄的教师进行评价，要求自然不同，对不同职称的教师授课情况的评价，要求也应该有所不同。一般情况下，教师教学内容和教学形式的选择，是基于学情分析。教师要依据所教的教学对象去确立教学内容和教学形式，评价者应通过观摩学生在课堂上的表现和教学效果去评价，而不是根据自己或他人的教学经验去评价。

体育教学评价在进行评议时，要抓住执教者教育教学活动中的重点，有针对性地去评价有价值的方面。可以是优点，即可供广大教师学习与借鉴的地方；也可以是不足，即可供执教者或广大教师反思与调整的地方。体育教学评价不宜面面俱到，广而不专。

（五）客观性原则

体育教学评价的客观性原则，主要是指在评价中对执教者整个教育教学活动的评价要做到实事求是、公平公正、准确客观。教学评价一般多停留在主观层面，会带有比较浓重的主观情感。大多时候它是依托于教学评价者自身的经验、认识而进行判别。

要确保教学评价活动能体现其真正价值，就必须在教学评价的过程中遵守客观性原则。要做到教学评价的客观性，教学评价者在体育教学评价的过程中，应以科学的理论为依据，以教学的真实情况为基础，尽量避免个人感情因素的影响，对执教者的整个教育教学活动用同一标准去进行评价。评价者应该依据先进的教育教学和评价理念，结合学科特点和学生发展需求，对教师教学的内容、组织形式、教学效果进行分析，做出评价。教学评价的客观性原则要求评价者本着实事求是的态度，公平公正地进行分析与评价，并做出准确客观的论断。

（六）多样性原则

体育课的类型比较丰富。即便是相同的内容，根据不同的指导思想也会构建出不同的教学形式与结构。例如，学习足球运球的内容，可以设计成完全体验式课堂，注重学生学习体会与感受；也可以设计成完全技能传授式课堂，注重教师对学生运球技术的传授。面对这种情况就需要教学评价者秉承多样性的观念来进行评议。同时，评价者在评价的过程中也要注重运用方法的多样性。体育教学评价的方法与手段并不是固定不变的，它可以根据评价目的与需要的不同，所侧重的内容不同，而在运用方法上有所变化，如主观评价与客观评价结合的方法等。

第二节　体育教学评价的功能与类型

一、体育教学评价的特定功能

体育教学和其他学科一样，是按照规定的教学计划和标准进行有目的和有组织的教育活动，而体育评价是检验体育教学质量的重要指标，需要教师与学生共同参与，通过制定科学的标准，根据体育学科教学目标，对体育教学活动的过程和效果进行评价。

体育教学评价有其自身的评价方法，也具有特定的功能，在体育教学评价过程中，其所具有的功能包括以下四种：

（一）导向功能

体育教学评价对于体育教学活动具有导向作用，能够引导教师进一步完善教学内容与模式。不同的学科有不同的评价标准，而不同的评价标准也会有不同的评价结果。评价结果是教师对教学效果判断的重要基准。根据评价结果，教师对学生学习的时间、重点等进行科学、合理的分配。在这一点上，体育教学与其他学科相同，教师所规划的教学内容、重点等都会根据体育教学评价结果进行适当调整。

（二）调控功能

不同的教学模式需要不同的评价方式，也会有不同的评价结果，教学评价是一种阶段性评价，每一个教学阶段都会有一定的教学评价，以检验教学情况和效果。根据特定的标准进行评价后，得出的教学评价结果为教师提供教学反馈，教师能够从中了解学生对体育知识和技能的掌握程度，并根据教学评价结果对体育教学活动的内容和形式进行调控，从而改进教学方式。

（三）激励功能

体育教学评价的结果对体育教师而言，是一种教学成果反馈，教师可以通过教学评价结果了解自身的教学情况。科学合理的体育教学评价对教师而言是一种激励，能够激发教师教学工作的积极性和主动性，让教师更愿意投身于教育活动。良好的教学评价能够反映出学生学习体育课程的积极性，以及对体育任课教师的认可度。同时，为了获得良好的教学评价，教师会不断地对自身教学方式和内容进行改进。这也体现了教学评价的监控作用，能够强化和促进教师的良好教学行为。

（四）诊断功能

体育教学评价的诊断功能主要是针对体育教学过程的鉴定，通过体育教学的结果分析其原因，使教师可以发现体育教学中存在的不足和成效，让教师能够逐步改进，提高教学质量，以更好地实现教学目标。体育教学评价的诊断功能可以使教师了解到体育教学过程各个方面的情况，对教学效果有客观了解。例如，教师可以通过了解学生体育课上所学的知识和其所面临的问题，对教学方案和方法进行改进，从而制订更有针对性的体育教学方案。对体育教学情况的诊断，能够为教师进行后续的教学活动提供反馈，让体育教师能够从中了解教学方案的适用性，判断现有教学方案是否符合教学要求，是否需要进行调整。

二、体育教学评价的类型划分

（一）按照评价基准进行划分

1. 相对评价

教学评价中的相对评价指在评价教学活动之前，需要将被评价对象中的一个个体设置为一定的评价基准，将其他评价个体逐一与评价基准进行对比，以确定评价个体自身的相对位置，判断评价集体中每一个评价个体的相对优劣。一般来说，教学相对评价的基准是集体的评论水平，之后比较每一个评价个体所处的位置，如体育锻炼标准的达标、体质评价等都是。

相对评价具有一定的优势，教师能够从中了解学生的总体情况，也能够了解不同学生之间的学习差异，具有适用性强的特点。但是，教学相对评价也有一定缺点，因为相对评价需要建立一定的评价基准，而评价基准是不断变化的，所以教学评价很容易与教学目标偏离。

2. 绝对评价

绝对评价是根据体育教学目标对体育教学设计方案、教和学的成果所做的评价。绝对评价将体育教学评价的基准建立在被评价对象的群体或集合之外，把群体或集合中每一成员的某种指标逐一与基准进行对照，从而判断其优劣。

与相对评价相比，绝对评价的标准相对稳定和客观，教师能够获得更加客观的评价反馈，学生能够从中了解自身的学习情况，也能够看到自身与客观标准的差距；学生可以通过评价结果与客观标准对自身的学习方式等进行进一步改进，对学生和教师具有促进作用，这是教学绝对评价的优势。其缺点是评价标准的确定有一定困难，很容易被主观意愿影响。

3. 自身评价

除了相对评价与绝对评价，自身评价也是教学评价的重要部分。自身评价与以上两种评价不同，自身评价是被评价个体对自身学习情况的一种评价，被评价个体根据自身情况对自己的各方面能力进行评价。这一评价类型主要是为了适应不同个体的差异性要求，不同的被评价个体，其学习情况各不相同，存在一定差异，为了更加高效地对每个个体进行科学评价，必须通过自身评价了解被评价个体的自我认知。

（二）按照评价功能进行划分

1. 诊断性评价

诊断性评价一般是在教学活动开始前进行评价，通过对被评价个体的学习情况进行鉴定，对教学计划顺利、有效实施进行测定性评价，这一评价又被称为前置评价。在体育教学前期，通过对前期教学情况进行评价，对学生的学习水平、学习基础、态度等进行全面诊断，可以对学生的学习情况有一个大致了解，并与体育教学目标相结合，之后根据诊断性评价结果进行体育教学内容的设计，并进行教学决策。

诊断性评价一般在课程、学期、学年开始或教学过程中进行，能够对学生的学习程度进行了解，教师可以据此更加有针对性地设计教学方案。

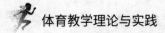

2. 形成性评价

形成性评价与诊断性评价不同，形成性评价是教学过程中的评价。体育教学设计活动中进行的评价主要是形成性评价。在教学过程中，通过对教学目标和教学内容进行过程性评价，并对教学活动各个要点的层次关系进行分析，对学生的学习进展情况进行及时了解，教师也能够从中了解体育教学的成效，为教师进一步教学提供根据，通过及时分析评价结果，教师可以更好地调整和改进体育教学工作，巩固教学成果，同时有利于进一步完善教学活动，保证教学目标得以实现。

形成性评价主要是为了改进、完善教学过程，有利于对学生所学知识加以复习巩固，确保他们掌握并为后期学习奠定基础。

3. 总结性评价

总结性评价与诊断性评价相对。诊断性评价是前置评价，而总结性评价是后置评价，是在体育教学一个阶段结束后的评价，注重考查学生掌握某门学科的整体程度，评价的内容较广。

总结性评价是对学生一个阶段学习成果的检验，如学生对体育知识以及技术的掌握程度是否与体育教学目标相一致。此外，总结性评价不仅是对学生学习成果的检验，也是对教师教学成果的检验。

（三）按照评价内容进行划分

1. 过程评价。体育教学活动中的过程性评价，主要是针对体育教学活动中教学环节设计的评价，检验各个教学环节是否达到体育教学的目标要求。过程性评价对于体育教学活动而言，是对体育课上为使学生逐步掌握体育知识和技能所设计的各种体育竞赛游戏、活动等进行评价，学生在学习体育技能的过程中对技能的学习和掌握的方式，需要体育教师进行一定指导，在指导过程中，教师会运用针对性的教学方法，让学生能够更加快速地掌握技能，而过程性评价是对这一过程的检验，也属于一种总结性评价。

2. 结果评价。与总结性评价相类似，结果评价是对体育教育成果的评价，在体育教学活动完成之后，针对教学成果进行评价，是对学生各方面能力的一种判断，学生和教师都能够从中获得一定反馈。

（四）按照评价方法进行划分

1. 定性评价。定性评价作为一种重要的评价方法，评价标准主要是指标体系中各种规范化行为的优劣程度。在体育教学评价中，定性评价一般以评语的方式表现。

2. 定量评价。除了定性评价之外，定量评价也是体育教学评价的重要方法。定量评价是对教学活动在"量"方面的评价，这一评价方法运用通常与数学有关的方法进行检验，如统计分析、多元分析等方法。定量标准有利于提高评价结果的精确性和客观性。此外，定量评价需要在一定的数据基础上进行分析，并得出规律性的结论。定量与定性评价相辅相成，两者有着密切联系。

第三节 体育教学评价的设计与标准

一、体育教学评价的设计

（一）体育教学评价设计的意义

"体育教学评价，是对整个体育教学活动、学生学习效果和教师教学实践的检验，是提高体育教学质量的保证，也是改进教学中存在问题的重要手段。"[①] 科学合理地对体育教学评价进行设计有着十分重要的意义，具体表现如下：

1. 促进体育教学改革

体育教学评价的结果为体育教师判定体育教学状况提供了大量反馈信息，因而通过体育教学评价的结果，体育教师可以及时发现自己在教学工作中的不足。通过对不足的分析与研究，体育教师可以提出改革体育教学的方案与措施。如此一来，体育教学改革的步伐便会进一步加快，并能不断取得良好的成效。从这一角度来说，体育教学评价设计能够促进体育教学改革的有效开展。

2. 促进教学水平提高

在开展体育教学评价时，对体育教师教学水平的评价是一项十分重要的内容。因此，科学地设计体育教学评价，对于体育教师教学水平的提升也有积极的意义，具体表现在：科学的体育教学评价设计能够帮助体育教师进一步明确自身的职责，继而更有责任感地开展体育教学活动；科学的体育教学评价设计能够帮助体育教师切实明确体育教学的方向以

---

① 王振兴. 关于体育教学评价的思考 [J]. 现代教育科学（高教研究），2004（3）：78.

及指导思想，并在此基础上选择更为恰当的教学策略和教学方法，确保体育教学工作的针对性、有效性和创造性；科学的体育教学评价设计能够帮助体育教师准确地把握自己的教学优势和不足，继而有针对地进行弥补。

3. 促进学生自身发展

体育教学评价设计对学生发展的促进作用，主要是通过以下三方面表现出来的：

（1）科学的体育教学评价设计能够帮助体育教师更加准确地了解学生的体育学习与掌握状况以及所存在的问题，继而有针对性地调整或改变体育教学的方法、策略等，以确保学生能够切实掌握所学习的体育知识与体育运动能力等。

（2）科学的体育教学评价设计能够帮助学生清楚地了解自己在体育运动方面的好坏优劣，并在此基础上"对症下药"，即对自己的不足进行矫正，以切实提高自己的体育运动能力。

（3）科学的体育教学评价设计能够激发学生参与体育运动的积极性和主动性，提高学生参与体育运动的自信心。

（二）体育教学评价设计的原则

体育教学评价也是体育教师在体育教学过程中的工具之一，而体育教师要想充分发挥这一工具的作用，必须在对其进行设计时遵循以下原则：

1. 方向性原则

体育教学评价设计的方向性原则，指的是在设计体育教学评价时，要确保其能够引导体育教学向着正确的方向发展。要有效地贯彻这一原则，在进行体育教学评价设计时要特别注意以下三方面：

（1）体育教学评价要能够为体育教师的体育教学工作指明前进的方向，即所设计的体育教学评价要有助于体育教师全面贯彻体育教育方针，在对体育教学规律进行深入探究的基础上，改进体育教学理念，总结体育教学经验，明确优势与不足，不断提高体育教学质量和水平。

（2）体育教学评价要能够为学生的体育学习指明前进的方向，即所设计的体育教学评价要有助于学生明确自身在体育学习方面的优势与不足，以及自身的体育运动水平，确保学生的体育运动水平能够得到有效提升。

（3）体育教学评价要有助于体育课程的进一步建设以及体育教学的领导工作明确进一步发展的方向。

2. 科学性原则

体育教学评价设计的科学性原则，指的是在设计体育教学评价时，要确保其符合体育教学的规律，符合学生的身心发展特点，并能体现体育课程的特点，体现体育课程标准的性质和价值。

因此，在设计体育教学评价的目标时，要尽可能全面、客观、准确，并要合理地确定评价指标权重，以确保评价效果有较高的信度和效度。

3. 整体性原则

体育教学评价设计的整体性原则，指的是在设计体育教学评价时，必须要确保从整体出发，全面、全过程地进行评价，并要确保评价的内容能够涵盖体育教学的各个领域和体育学习的各个层面。要有效地贯彻这一原则，在进行体育教学评价设计时要特别注意以下三方面：

（1）评价要涉及不同的角色，即学生、教师和宏观的体育教学工作，他们彼此既各自独立又相互联系。

（2）用发展的眼光看待评价对象，并要通过历史性对比来把握其发展状况，促进其不断发展。

（3）注意将体育教学融入社会生活的整体中去评价，这对于体育运动的健康发展是有一定帮助的。

4. 可操作性原则

体育教学评价设计的可操作性原则，指的是在设计体育教学评价时，要确保所设计的评价指标、评价方法等是简便、明晰，易于操作和推广的。不具备可操作性的体育教学评价，既不能充分发挥自己的作用，也无法在促进体育教学发展、提高体育教师的教学水平、提升学生的体育运动水平等方面发挥积极的作用，还可能会导致体育教学评价无法顺利开展。

5. 差异性原则

每一所学校的发展状况以及其所拥有的体育运动发展条件是不同的，而且每一个体育教师都是一个独特的个体，每一个学生也有着自身鲜明的个性。这就决定了在设计体育教学评价时要遵循差异性原则，以确保评价的客观性和有效性。

6. 发展性原则

教与学的过程是一个动态发展的过程，在这一过程中，教师的教学观念、教学方法、教学手段等会不断更新，学生的身心也会不断发生变化。基于此，在设计体育教学评价时

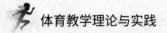

必须要遵循发展性原则，要用发展的眼光来进行体育教学评价。

（三）体育教学评价设计的内容

体育教学评价内容的设计情况，在很大程度上影响着体育教学评价的效果。一般来说，在设计体育教学评价的内容时，可从以下三方面着手：

1. 学生学习评价

在体育教学评价中，学生的体育学习评价是一项十分重要的内容。而在具体开展学生体育学习评价时，应遵循的要求如下：

（1）必须要确保评价能够涵盖所有的学生，即要将所有的学生都纳入学生体育学习评价之中。此外，学生的体育学习评价既要体现学生的共性，更要关心学生的个性。

（2）既要关注学生的现实表现，也要关注学生的未来发展，并要确保每一个学生都能在自身现有的水平之上，进一步发展自己的优势，继而使自身的体育运动潜能不断得到发展。

（3）要尽可能从情感态度与价值观、过程与方法、知识与技能三个层面展开。其中，情感态度与价值观方面的评价，重在评价学生的体育学习兴趣、体育学习态度以及学生对体育运动的价值认知等。此外，情感态度与价值观方面的评价应采用形成性评价方式，以自评、互评以及他评相结合的方式在教学过程中进行。

（4）要注意将评价与学生的体育运动学习过程紧密联系，以便评价的结果更具有真实性和情境性。

（5）要以正面的、积极的评价为主，以提高学生体育学习的兴趣和积极性，增加学生学习体育的自信心。需要注意的是，正面的、积极的评价要与学生的实际相符合，绝不能夸大其词、不切实际。

（6）要注意评价贯穿于学生体育学习活动的每一个环节，而且不可偏向于某一个环节的评价。

（7）要全面、全员和全程（教学和过程）采集和利用与学生各种素质培养及各种技能发展有关的评价信息，全面地反映学生的全部动态过程。

（8）要提前制订一套具体可行的评价方案，包括评价的内容、评价的指标、评价的方法、评价结果的呈现方式等。

2. 教师教学评价

在体育教学评价中，体育教师的教学评价也是一项十分重要的内容。而在具体开展体育教师的体育教学评价时，应遵循以下要求：

（1）必须要包括体育教师的教育思想、专业素质、教学态度、教学方法和手段、教学能力、教学效果、教学业绩、教师认知发展、职责履行等各方面的评价，以便更加全面地评价体育教师，为体育教师知识结构的完善、教学技能的提升、教学方法的改革等奠定重要的基础，切实促进体育教师的专业化发展。

（2）要特别关注体育教师在体育教学中是否注意到学生的身心发展特点、是否充分尊重学生等。

（3）要关注体育教师对练习密度与运动负荷的安排是否恰当。

（4）要关注体育教师是否能结合教材和教学活动的特点，有意识、有目的地对学生进行思想品德教育，把思想政治工作有机地融合在体育教学之中。

3. 体育课程评价

体育课程管理与课程发展评价，也是体育教学评价的一项重要内容。在开展这项评价活动时，必须要以教育行政部门和学校为评价主体，而且要涉及以下七方面的评价内容：

（1）学校领导对体育运动教育功能的认识和重视程度，以及所制定的有关校园体育运动发展的政策等。

（2）学校体育教育机构的设置情况以及责任实施情况。

（3）学校的整体体育运动氛围。

（4）学校体育课程的开设情况。

（5）学校体育教师队伍的构成状况、整体素质和培训情况等。

（6）学校在体育教学方面的设施和设备配置情况。

（7）学校在课外体育活动方面的开展情况。

二、体育教学评价的标准

（一）体育教学评价标准的结构

体育教学评价标准的结构又被称作指标体系，其内涵主要包括体育教学评价标准的组成部分以及其间的层次关系。

1. 效能标准

效能标准主要有效果标准和效率标准两部分。

效果标准是从工作效果的角度来设置教学评价标准。制定体育教学效果的评价标准需要考虑三方面：一是考查学生对体育基本知识、基本技术、基本技能的掌握情况，主要是从数量和质量上来考查；二是考查学生的综合能力的发展情况，比如学生的智力水平、个性特征、学习态度和学习习惯等；三是对学生的思想觉悟和道德水平进行考查，也就说要将道德教育融入体育教学实践当中。

效率标准主要是根据效率的高低，也就是按照收获与投入的比值来衡量劳动成绩的好坏。在体育教学评价上，在制定效率标准的时候，需要考虑成本因素，也就是在一定教学条件下和特定的时间范围内，体育教师是否能够按照教学大纲的要求和既定的目标值完成教学任务，在此期间学生的体育理论、运动技能、思想意识和认知能力是否达到了目标要求。

效果标准与效率标准二者有相似之处又有所区别。相似的是都是对学生通过体育教学获得的进步进行考评，但是效果标准不考虑在教学活动中所耗费的人力、物力、财力以及时间上的成本，而效率标准则将以上条件都综合起来考虑，目的性更强一些，同时对教师的要求也更为严苛一些。在实际的教学评价中可以将以上两种考查标准综合运用，以得到公平公正的评价结果。

2. 职责标准

职责标准主要从评价对象在教学活动所承担的责任的角度去评价体育教学质量的优劣。

在对体育教师的教学工作进行评价的过程中，首先，要看教师备课的质量，从教师的备课可以看出教师的基本的治学态度、对教学大纲和国家要求的教学理念的理解内化程度，也可以从教师的教学安排看出教师是否了解自己的学生、对于教学目标和内容的把握程度如何，这些都是制定职责标准需要考虑的点。其次，是看教学目标是否明确、授课内容是否具有适应性、教学目的是否明确、重点是否突出、选择的教学方法和手段是否具有科学性和有效性、讲解和表达是否精准到位、动作示范是否标准等。最后，看教学过程是否融入了先进的教学理念，是否严格遵守教学原则。如果做到了这些，那么体育教学课堂气氛一定是生动有趣、有张有弛的，既能够看到实实在在的教学效果，又充满了人性的光辉。

职责标准主要是针对体育教师而言的，其优点是可以增加教师的使命感，提醒教师牢记自己作为教师需要的责任心与事业心，关注教学活动的全过程，但是教学评价不能太过于倚重职责标准，而是要与其他的评价标准有机地结合起来，以防出现形式主义的极端情况。

3. 素质标准

素质标准是从教师高质量完成教学任务应具备的条件而提出的评价标准。良好的综合素质是一名合格的体育教师的基本条件，长期的教学工作中，教师的素质能决定学生的基本的素养，还能在一定程度上影响着学生未来的发展方向。具体来说，素质标准就是要求体育教师要有丰富的专业知识，热爱体育工作，有较强的责任感和事业心，有正确的世界观和高尚的思想品德，善于通过教学规律来展开实际的教学工作等。只有当教师具备了这些素质，才能更好地引导学生往更高更远的方向发展。

体育教学活动是一个复杂的过程，其中不同的评价标准反映的是体育教学系统中的不同的侧面，对体育教学的作用机理也各有不同。评价的素质标准反映的是对教师各方面素质的要求，职责标准反映的是对体育教师的职责方面的要求，效能标准反映的是体育教学活动在效果和效率方面的要求，三个部分相对独立，但是有着内在的统一性，在实际体育教学评价工作中，不一定每次都占据着同样的比例，在不同的场景，会依据不同的情况，确认三者各自所占的比重。

（二）体育教学评价标准的制定

1. 制定依据

（1）教学评价标准的制定要考虑社会对体育教学的要求。体育教学是社会发展的产物，按照当今社会的发展需求，体育教学的核心功能就是培养身心健康的、全面发展的人才，并以此推动社会的发展与文明。因此只有深入研究和学习，才能正确把握制定体育教学评价的标准。

（2）教学评价标准的制定要以教育学科的相关知识为基础。一切体育教学活动包括体育教学的评价都要以教育学科的理论知识为指导，这主要是由于教育学科的本质作用是揭示教育教学的规律性。体育教学评价作为重要的教学活动之一，也需要相关的理论知识作为支撑。比如说，如果体育教师不能很好地把握体育教学的本质目标和特征，不能深刻理解体育教学的基本原则和一般规律，不能掌握丰富的体育教学方法的理论知识，根本无法制定科学合理的体育教学评价标准，更不用说指导对体育教学实践产生良好的促进作用了。

（3）教学评价标准的制定要考虑被评价对象的状态和水平。教学评价本身并不是目的，而是为了实现教学目标的一种手段。通过评价，找出体育教学中的问题，并提出解决的方案，从而可以对体育教学活动进行不断优化。因此体育教学评价的标准一定要契合被评价对象的整体水平，评价的标准过高，被评价者会由于无法达到目标而丧失信心；评价标准过低容易使被评价者高估自身的能力，而沾沾自喜、停滞不前。

2. 制定原则

（1）可行性原则。可行性原则就是指评价标准不管在内容上还是形式上都要简单明了，便于理解便于操作。另外评价指标的等级不宜过多，这样会给实际的操作带来过多的工作量，使简单的工作复杂化，不符合可行性的要求。

（2）协调性原则。教学评价的协调性原则主要体现在四方面：第一，教学评价的标准必须具有完整性，内部设置的结构要合理，具有分明的层次，各个层次和部分之间具有紧密的联系，而且在逻辑上具有一致性和协调性；第二，教学评价的标准必须在内容和形式上保持一致性和协调性；第三，在整个评价体系中，要注意前后标准的连贯性和协调一致性，不能朝令夕改，自相矛盾；第四，评价等级的间隔要保持协调一致，不能出现重复的类似的评价指标，也不要间隔的距离过大或过小或者时大时小。

（三）体育教学评价标准的类型

1. 相对标准与绝对标准

相对标准是指由于评价的目的不同，评价对象在个性特征和素质水平上也存在一定的差异性而建立的、具有一定的灵活性的评价标准。根据该标准的评价结果可以基本判定个体在集体中所在的位置。例如选拔性考试的分数线，评选先进的条件和标准等都是相对标准的具体体现。

绝对标准是指立足于大的方向和角度而建立的评价标准，它不会由于某个人或某个群体的特殊性而发生改变，只会随着体育教学总目标、总要求的改变而改变。其评价对象是面对所有的教师或学生群体，也就是说绝对标准在某固定的范围内具有普遍性、无条件适用性，不因为某个人的特殊情况而发生改变。依照此评价标准，要判断体育教学是否达到教学的目标，直接就可以得到一个非常清晰明确的答案。例如《学生体质健康标准》就是典型的绝对标准。

2. 定量标准与定性标准

定量标准是指对各种规范和要求都做了规范化、数量化的标准，具体而言就是说体育教学评价体系对于各项要求都有具体的数量上的，或者精细化的评价标准。在体育教学评价中利用定量标准有助于提高评价结果的精准性。

定性标准主要是以优劣、好坏等泛化描述来对体育教学的目标达成程度以及教学中体现出来的行为特征进行评价的评价标准。该评价一般较为简便，常用评语描述或者用符号表示。

以上各种教学评价标准的概念相对独立，但这并不是说他们之间没有联系，是完全割裂的，相反他们具有内在的关联性，可以相互包含，相互渗透。如考试的满分设为100分，这是一个常规意义上的评价标准，它既是定量标准也是绝对标准，同时还是一种客观性标准，所以说这几种划分方式之间是可以互通的，并没有绝对的界限。

3. 主观标准与客观标准

主观标准是指标准制定者以评价内容的客观要求为主要依据，凭借自身的经验，按照自己对评价对象的理解和认识而制定的评价标准。该评价标准带有强烈的主观的情感意识和个人的偏好，在对其进行确定的时候需要经过集体讨论、反复论证和最后的修订，才能够最终得以实施应用，否则容易跑偏而有失公平性。比如在体育竞赛中技术动作的评分标准就属于典型的主观性标准。

客观标准是指在把握了体育教学发展的一般规律以及评价对象的普遍性、关键性特征的基础上而制定的评价标准，这种标准不会由于个人经验不同而发生改变和歧义，例如教育考试一般将60分作为及格标准，这就属于客观标准。

思 考 与 练 习

1. 体育教学评价的基本原则有哪些？
2. 怎样才能发挥出体育教学评价的功能？
3. 体育教学评价设计的意义与原则，请简要叙述。

第六章 体育教学资源开发

第一节 体育教学资源的内涵与类型

一、体育教学资源的内涵

体育教学资源是一切能够支持和拓展体育课程功能的各种事物的总称。广义的体育教学资源是指有利于实现体育教学目标的各种因素，狭义的体育教学资源则仅指形成体育学习内容的直接来源。具体来说体育教学资源是体育教学设计、实施和评价等整个体育课程与教学过程中可利用的一切人力、物力及自然资源的总和，包括教材、教师、学生、家长以及学校、家庭和社区中所有有利于实现体育教学目标，促进体育教师专业成长和学生有个性地全面发展的各种资源。

课程资源概念有广义和狭义之分。所谓广义的课程资源是指有利于实现课程目标的各种因素，狭义的课程资源仅指形成课程的直接因素来源。课程资源是指可以进入课程活动，直接成为课程活动内容或支持课程活动所进行的物质和非物质的一切。同时，课程资源是指形成课程的要素来源，以及实施课程的必要而直接的条件。

二、体育教学资源的类型

教学资源可因不同的分类标准分成不同的种类，这些种类相互交叉，相互渗透。目前对教学资源类型划分的方式主要有三种：一是按存在的方式，将课程资源直截了当地分为有形资源（如教材、教具、器材设施等）和无形资源（如知识和经验、态度、能力等）；二是按功能特点，将课程资源划分为素材性资源和条件性资源两大类，前者指知识、技能、活动方式与方法、情感态度、价值观等，后者有人力、物力、财力、场地设施等；三是按时间、空间分布的不同，将课程资源划分为校内资源（如教师、学生、教学挂图、教材、场地器材设施等）、校外资源（如公共图书馆、家长、其他学校的设施、社区场地设施、活动中心等社会和自然资源）及网络资源（如多媒体、网络化的以网络技术为载体开发的校内外资源）。

课程资源既是学生获得知识、信息和经验的载体，也是课程实施的媒介。可以说，课程资源的合理开发与有效利用是任何课程目标顺利达成的必要条件。但是，并不是所有的资源都是课程资源，只有那些真正进入课程，与教育教学活动联系起来的资源，才是现实的课程资源。

第二节　体育教学人力资源与媒体资源

一、体育教学人力资源

"体育人力资源是进行社会体育生产最基本最重要的资源。"[①] 体育课程的人力资源包括：体育教师、学生、家长、班主任和其他有一定体育特长的教职工、校医、校外体育专家、社会体育指导员、运动员、教练员、医生，以及有一定体育特长的社会其他人员等。他们的知识、智力以及体力等都可以通过开发进入体育课程。

（一）体育教师方面

体育教师不仅是课程的实施者，也是课程的组织者和开发者。体育教师是最重要的体育课程人力资源。在体育课程资源的开发过程中，教师的素质决定了课程资源的识别范围、开发与利用的程度以及效益发挥的水平。开发人力资源就是要充分挖掘人的潜能，发挥人的多种作用，体现人的多种价值。对体育教师潜能的开发，应该成为体育课程人力资源开发的重点。

体育教师应提高专业素质和能力，以适应现代教育对体育教师的要求，适应当前体育课程改革的形势。体育教师首先要加强学习，不断进取，努力提高学历水平；其次学校要加大对体育教师的培训力度，使其具有更强的专业技术和更扎实的教学理论、方法和知识。另外，要加强高校体育教育专业建设，完善人才培养模式，调整课程体系，以适应基

---

① 杨洪辉. 建设新农村视野下的农村体育人力资源开发 [J]. 体育文化导刊, 2007 (10): 10.

础教育体育课程改革，使毕业生的知识储备、素质、能力符合社会对体育教育专业人才的需求。

总之，体育教师要与时俱进，树立新的教学理念，确立先进的教育思想，掌握现代化的教学技术手段，不断提高自己的"一个水平、两个结构、三个职能"。"一个水平"是指自身的学历水平，"两个结构"是指教书育人的知识结构和能力结构，"三个职能"主要是指传播知识的职能、服务经济建设的职能和培养人才的职能。

（二）学生主体方面

学生是体育课程学习活动的主体，要鼓励和引导学生积极参与体育课程资源的开发。各班的体育委员、学校代表队的队员和在体育方面有一技之长的学生都是有效的人力资源，在教学和各种活动中，要充分发挥他们的热情和较强的组织能力。对有体育特长的学生，应给他们创造机会和条件使其体育特长得以展现，如可以让他们组织学生做准备活动及辅助老师管理体育课、体育活动等。

同时，还要利用学生爱动好动的天性，激励学生积极参与课程资源的开发，让他们自己去参与新颖的、安全的、健康的、有趣的游戏，自制体育器材和教具，通过网络和媒体收集体育信息等。

（三）其他人力资源

人力资源的开发除了占主导作用的体育教师和主体地位的学生外，还有具有体育特长的其他学科的教师、班主任、校医、家长、社会体育指导员等。对于有体育特长的教师，应创造机会和条件使他们的体育特长得以展示，组织体育活动，指导学生运动队的训练；让班主任号召、组织学生积极参与课内外、校内外的多种活动；应充分利用校医或卫生保健员的特长，创造机会和条件，使其帮助、配合、支持体育教师，共同完成课程目标。校医可为学生开展保健知识、运动损伤预防与治疗方法的讲座，或者根据学生不同的身体状况，进行个案病理分析，帮助学生制订体育锻炼方案，使其能够得到合理有效的体育锻炼。

家长要发挥督促作用。通过组织家庭运动会、趣味运动比赛、休闲体育问答、亲子游戏活动、家庭体育活动站等，使学生与家长互动起来，协调学校与家庭体育活动，活跃校外体育活动。这样，既增进了学生与家长的感情，又拉近了学校和家长的距离，同时，这些活动又在一定程度上参与了全民健身计划。

近年来，由于国家对社会体育的高度重视，对社会体育指导员的培养也加大了力度。通过各种形式的培训，在社会的不同层面，一大批社会体育指导员发挥着重要的作用。从目前看，社会体育指导员已逐渐成为指导全民体育活动开展的中坚力量。在校外，可利用与开发社会体育指导员，请他们辅导、督促和帮助学生进行体育活动。在社区，要积极地发挥社区体育指导员的作用，请他们辅导学生开展体育活动。同时，还可利用社区人群的各种锻炼队伍，如秧歌队、舞剑队、舞蹈队、太极拳队等等，为广大青少年树立锻炼身体的榜样。另外还可聘请校外体育专家、教练员指导学校体育工作；可以请一些著名的运动员进行体育表演，以激发学生的学习兴趣。

二、体育教学媒体资源

（一）体育教学媒体资源的选择

1. 体育教学媒体资源选择的制约因素

（1）教学目标。选择教学媒体旨在更好地完成教学任务，实现教学目标。当教学任务和教学目标不同时，对教学媒体的选择要求也就不相同。对认知类的教学目标可选择印刷材料、图片、动画等教学媒体开展教学，即可收到良好的教学效果；而对于技能练习类的目标，则可以选用运动图片的挂图、教师示范等教学媒体来让学生进行练习。

例如，要求学生掌握"滚翻"动作，那么要选择的媒体就应该是便于滚翻动作完成的相应的动作示范，让学生观摩学习，并在学生的练习过程中加以指导，及时提供关于动作正误的准确反馈，以帮助学生掌握相应的技能；而对于情感态度、价值观类的目标，则可以选用表现手法多样、艺术性和感染力强的媒体，如用电视录像、电影、多媒体课件、影碟等教学媒体来呈现榜样及其行为选择的信息，这样的教学有可能对学生产生强大的吸引力和情感上的震撼力，有利于教学目标的实现。

（2）教师因素。教师是教学媒体的设计者、使用者，教师的专业素养、教学能力、管理能力、对各种教学媒体的特征和使用方法的熟练程度等因素都影响其对媒体的选择和运用。尤其是教师对教学媒体的熟练程度直接影响其对教学媒体的选择，如体育室内课没有使用过计算机的教师一般不可能运用计算机来辅助教学，而常常以"讲解动作""运动图片演示"，来进行课堂教学。

（3）学习者因素。选择媒体必须考虑学生的特点，学生的年龄特征、知识背景、学习风格、学习态度等因素影响媒体的选用。例如，对于以形象思维为主的初中低年级学生来讲，练习武术动作应尽量借助直观性较强的媒体，如图片、模型、动画，以使学生理解比较抽象的武术名称。

随着体育知识储备量的增加，学生对武术名称以及动作路线图的理解能力不断增强，一些学生能够使用阅读这一有效方法进行练习，那么此时可以适当增加印刷媒体，以满足学生的需要。此外，学生的人数也是教师选择媒体时应该考虑的因素。个别辅导、小班教学、大型讲座等不同规模的教学应该选择不同的媒体。

（4）物质因素。物质因素一般是指硬件设施是否完备，用来制作媒体的资源是否丰富。在经济落后的地区，一些学校缺乏最基本的体育课所用的场地，更不用说提供运动器材来让学生练习了。这样的条件无疑严重限制了有关教学媒体的选择。与此相反，一些条件好的学校，它们的硬件设施比较完备，教师选择教学媒体的余地则比较大。

除了上述各因素以外，时间因素、经济因素等也不同程度地影响教学媒体的选择。时间因素主要是指教学所允许的制作和使用媒体的时间。只有在教学所允许的时间内能够制作和使用的媒体才能够选用。经济因素主要包括购置硬件和软件、制作、维修及人员培训等各方面的费用。

2. 体育教学媒体资源选择的基本原则

根据制约教学媒体选择的因素，再结合体育学科教学的特征，使用各种媒体时应遵循以下基本原则：

（1）目标性原则。目标性原则要求媒体的使用目的和教学目标一致。教学媒体的使用能够促进教学目标的达成，提高教学效果。根据教学媒体对促进教学目标或教学目的的完成所具有的潜在能力来进行选择。

（2）科学性原则。科学性原则要求媒体所表达的内容正确无误、逻辑严谨。进行动作欣赏时，图像、色彩、动画等要反映事物的客观面目，而不能一味追求表现效果，导致学生对教学内容的误解或不准确的理解。

（3）实用性原则。实用性原则要求教学媒体的选择和设计从教师、学生、物质因素等方面的实际情况出发，教师必须熟悉媒体的内容、技术操作和特性，注重媒体的使用效果，忌华而不实。如果课堂内容用传统的教学模式或媒体就能取得良好的效果，那么就可以用传统的模式或媒体。例如，山羊分腿跳，利用教师动作示范或动作图片就能够呈现出项目的全貌或过程，使学生对山羊分腿跳不再难懂。如果传统媒体不能够有效地突破教学难点，引不起学生的兴趣，收不到较为理想的教学效果，则可以设计或选用相应的现代教学媒体。

（4）教学最优化原则。教学最优化原则是指把选用教学媒体的过程放在整体教学设计中，充分考虑教学的各种因素，协调教学媒体与教学其他方面的关系，使教学媒体的功效服从于整体教学设计，以取得最佳的教学效果。没有一项研究证明某一种媒体永远优于其他媒体，也没有哪一种媒体能够解决所有的教学问题。为了达到教学最优化，教师需要综合考虑各种因素，选择合适的媒体，在合适的前提下，使选择的媒体极大程度地发挥其功能。例如，为了帮助学生更好地理解篮球的战术配合过程和特点，使学生对该过程有直观的认识，利用"多媒体制作软件"，将篮球战术配合的过程用动画形式表示出来，直观明了地向学生展示动态变化的配合过程，说明盯人、补位、配合的过程，自然而然地突破教学难点，给学生鲜明的视觉信息，顺利地实现教学目标。

（5）把握好"质"和"量"原则。

第一，把握好多媒体课件的质。除了形式与内容融为一体外，它更体现一种服务意识，以不冲淡教学主题为要旨，从而达成因有多媒体课件而让学生快速掌握所学知识和习得能力的目标。

第二，把握好教学中多媒体课件的量。教学课件只是整个教学流程中的一个小系统，它不代表教学的全部。一堂课中，课件的应用应该有一个量的限制。

总之，选择体育教学媒体要以一定的教学目标为依据，在保证媒体表达的内容具有科学性的前提下，根据实用性原则，把握"质"和"量"的原则来选择、设计、组合媒体，以取得最优化的教学效果。

（二）体育教学媒体资源的运用

选择了合适的媒体并不完全等于媒体的运用有了最佳效果，而仅仅是运用媒体的前提条件，要获得媒体使用的最佳效果，还必须科学地使用媒体。根据使用媒体场景的特点，教学媒体的使用可以分为两类：一类是在学校课堂教学中使用；另一类是远距离的教学，如远距离广播电视教学、远程计算机网络教学等。教学媒体在体育课堂教学中的运用一般需要遵循的程序包括：准备、预演、课堂呈示、反馈改进。

1. 准备。准备工作包括环境准备、学习者准备、运用教学媒体的教案准备等。环境准备指熟悉媒体运用的场所及相关的设备条件，如教室中使用电源是否方便；投影时，遮光是否符合要求等。学习者准备指有关媒体的运用需要学习者进行一定的准备，比如，在进行练习之前，让学生预习有关的学习内容、明确学习的注意事项等。运用教学媒体的教案准备是指对运用教学媒体的目标、时间、过程、相关的解说等进行预期准备。

2. 预演。在正式上课之前，教师应事先演示一下整个教学过程。通过预演，教师能够进一步熟悉教案、媒体表达的信息及媒体的使用特点，把握演示需要花费的时间，对演示过程中学生可能提出的疑问做出估计等。在预演中还应检查媒体材料的准备情况、教室环境等。

3. 课堂呈示。课堂呈示是具体使用教学媒体的过程。教师在课堂上呈示教学媒体时，应该注意以下方面的内容：

第一，控制学生的注意力。教师要针对不同媒体的特性，充分利用自己的语言、表情、动作来辅助教学媒体表达信息，以吸引学生的注意力。

第二，突出媒体的呈示效果。使用录音、录像、计算机等媒体呈示信息时，教师应根据学生的反应，通过重放、慢放、定格等控制手段，来让学生仔细辨别或观察，以突出媒体的呈示效果。

第三，引导学生做出反应。媒体的呈示效果从学生的反应中得以体现，所以，应当引导学生主动地对媒体的信息做出反应。对于交互功能强的媒体，设计、使用时应该充分利用其交互功能。

4. 反馈改进。课堂呈示完毕，教师可以根据各方面的反馈，对教学媒体进一步改进完善。

第三节　体育教学内容资源与设施资源

一、体育教学内容资源

体育内容资源，即有利于体育课程实施与生成的各种因素与条件。"体育课程内容资源开发缘于新课程改革。"[1] 体育内容资源既包括形成体育课程内容的要素来源，如体育学科方面的知识、技能、经验、身体练习、活动方式与方法、情感态度和价值观以及体育培养目标等方面的要素，又包括了决定体育课程内容实施范围和水平的人力、物力、财力等要素，如体育场地、器材、体育师资等。

① 田菁，闫芬，刘春燕. 体育教师是课程内容资源开发的关键 [J]. 北京体育大学学报，2009，32 (7)：85.

（一）体育教学内容资源的特点

1. 具体性

体育教育课程内容资源有具体性的特点，表现在：不同的地域，可开发利用的体育课程内容资源不同；在不同的文化背景下，人们的价值观念、道德意识、风俗习惯具有各自的独特性，相应的体育课程内容资源亦各具特色；学校的性质、规模、办学条件等不同，其可以开发利用的体育课程内容资源也不尽相同；学生个体的家庭背景、身心发展水平、生活经历不同，可供开发利用的体育课程内容资源必然也是千差万别的。

2. 生成性

体育课程内容资源的开发是一个不断生成的活动，这不仅表现在体育教师在这一过程中不断进行创新、不断生成各种新的经验，而且体现在学生在此过程中也在不断进行自主的创新，他们通过自己的经验不断建构认识，并形成新的经验。这一过程中学生学习的过程性成果、中间生成物和学生的收获、自感自悟的成果等都是宝贵的体育课程内容资源，它们对学生的发展有着极为重要的推动作用。

3. 丰富性

在实际的教育教学过程中，可以开发利用的体育课程内容资源是多种多样的，不仅仅是教材，也不仅仅局限于学校内部，具有广泛多样的特点。体育课程内容资源极为丰富，从所涉及的领域来看，既有体育领域的体育课程内容资源，也有非体育领域的体育课程内容资源，如政治、经济、医疗卫生、军事、文化、科技领域等；从内容结构来看，既有体育与健康方面的知识资源，也有社会生活经验及体育教师和学生的经验资源，还有各种各样的身体练习资源等。而单从身体练习所包括的范畴来看，又涉及竞技体育、群众体育、休闲、娱乐等多个领域的技能、技术与健身方法手段；从分布的空间和地域来看，既有校内的，也有校外的，还有民间的、乡土的、民族的体育课程内容资源等。

4. 价值潜在性

一切可能的体育课程内容资源都具有价值潜在性的特点。相当一部分体育课程内容资源在体育课程设计之前就已经存在，具有转化为体育课程内容的可能性，但还不是现实的体育课程内容，它们往往体现出一种潜在的价值，或可开发性的特点，只有经过一定形式的开发、利用和转化，才能成为有利于体育课程实施的基本条件。

5. 功能多元性

体育课程内容资源的功能多元性，主要包括两方面内容：一方面，相同的体育课程内容资源，具有不同的用途、价值与功能，可以用于实现体育课程的不同目标，如野外活动，既可以开发出能发展学生体能的课程内容，如远足、登山等，又可以开发出对学生进行野外生存教育的课程内容等；另一方面，不同的体育课程内容资源，可能具有相同的用途、价值与功能，可以用于实现相同的体育课程目标，换言之，体育课程内容资源是可以相互替代的，如发展学生的耐力素质，可以长跑，可以打篮球，也可以骑自行车，还可以游泳等。教师要善于挖掘体育课程资源的多种利用价值，化腐朽为神奇，充分挖掘体育课程内容资源的潜在价值。

（二）体育教学内容资源的挖掘

随着我国基础教育课程改革的力度不断加大，课程内容资源的重要性和价值亦伴随着课程改革的逐步展开而日益凸显。体育课程内容资源的挖掘无论在理论上还是在实践上，都将对体育教育的整体改革与发展产生重大而深远的影响。

1. 体育教育课程内容资源挖掘的主体

体育课程内容资源的挖掘是由多方面的人员共同努力完成的，如体育学科专家、教育行政管理人员、体育教师、学生、家长、学校行政人员、社区人士、运动员、教练员、其他学科方面的专家学者以及相关的机构等。每一个参与人员扮演的角色、承担的任务、发挥的功效都不相同。其中，体育学科专家、体育教师和学生的分量最重，因而这三者也被视为体育课程内容资源挖掘的主体。

（1）体育学科专家。体育学科专家一般具有较高的学历和职称，他们主要在高校或科研所从事学校体育或体育课程方面的教学及研究工作，并经过严格的专业训练，具有丰富的专业知识和经验，有较强的创新精神和较宏观的理论视野。体育学科专家的优势在于有比较高的教育学和体育学科方面的理论水平和科学研究水平，对国家的宏观教育政策理解得比较透彻；劣势是缺乏体育课程教学的实际操作经验。体育学科专家虽然不像体育教师那样亲临课程实施的第一线，但他们在体育课程内容资源挖掘中却起着非常重要的作用。具体来说，体育学科专家一般承担着以下挖掘体育课程内容资源的任务：

第一，编写体育教材。编写体育教材是体育学科专家开发体育课程内容资源的主要任务之一。编写体育教材是一项复杂、艰巨的系统工程，既涉及编写的指导思想、编写原则、标准等宏观问题，也涉及教材的版式结构、呈现方式等微观问题。体育专家凭借自身丰富的专业知识和经验，能够对体育教材进行科学、合理的安排。

第二，挖掘和整理体育课程内容资源。挖掘、整理体育课程内容资源是体育学科专家义不容辞的责任。体育学科专家应充分发挥自己的优势，从我国的国情和学校体育的实际出发，有意识地对一些体育课程内容资源进行开发。现阶段体育学科专家的工作重点包括：①研究不同年龄学生身心发展的特点和各种体育课程内容资源的主要价值与作用，开发出育人价值高、适应性强的体育课程内容；②研究国外体育课程内容资源的相关成果，特别是关注国外学校流行的新兴运动项目，并结合我国具体实际进行改造、推广；③与中小学体育教师合作挖掘和整理一些有着地方和民族特色的体育课程内容资源。

第三，指导体育课程内容资源的挖掘。体育学科专家理论水平高、科研能力强，因而可以在宏观与理论层面，对体育课程内容资源的挖掘工作进行指导。体育学科专家应积极投身于体育课程资源挖掘的实践，从中发现问题，总结经验，进行理论抽象和概括，以形成体育课程内容资源挖掘的一般规律，用以指导体育教师进行体育课程内容资源的挖掘工作。另外，体育学科专家还可以通过各种形式，定期对中小学体育教师进行培训，为体育课程内容资源挖掘培养骨干力量。

（2）体育教师。教师是课程实践的核心人物，他们在课程实施中扮演着主要角色。同样，体育教师在体育课程内容资源挖掘过程中也起着核心作用，这不仅因为体育教师是体育课程的具体实施和操作者，还在于体育教师本身所具有的知识与技能、过程与方法、情感态度与价值观等都是最宝贵的体育课程内容资源。相较于体育学科专家，体育教师具有其独特的优势：首先，他们与学生接触更广泛，熟悉学生的个性差异和日常交往行为，也最了解学生的想法和感受；其次，他们掌握着体育课程实践的第一手资料，而这正是体育学科专家所非常缺乏的。体育教育课程内容资源开发的效果，在很大程度上是由体育教师所决定的。体育教师在体育教育课程内容资源的挖掘中承担着以下任务：

第一，对体育教材进行二次开发。教材是重要的课程内容资源，但并不是唯一的课程内容资源。体育教材也是如此，虽然它是体育学科专家根据课程标准和一定原则编选的，但要进入体育课程成为具体的体育课程内容，还必须经过体育教师的再次和多次开发。

第二，积极挖掘特色性强的体育课程内容资源，并将挖掘成果系统化。体育教师要在教学实践中根据实际需要不断挖掘其他各种体育课程内容资源，特别是具有地区特色、民族特色、学校特色和学生特色的体育课程内容资源，将这些资源转化为各种内容新颖、形式多样、特色突出、适应性和操作性强的体育课程内容。另外，体育教师还要加强对体育课程内容资源开发实践成果的总结，使开发成果系统化，并争取在此基础上编写出具有校本特色的体育教材。

第三，指导学生进行体育课程内容资源挖掘。学生也是体育课程内容资源挖掘的主体之一，但是学生对于如何挖掘、怎么挖掘体育课程内容资源并没有清晰的认识。因此，体育教师必须要向学生提供必要的指导和帮助，成为学生开发体育课程内容的引导者和服务者。不仅要帮助学生掌握体育课程内容资源开发的方法和手段，而且还要引导学生走出体育教材、走出课堂、走出学校，在社会的大环境里学习和探索各种体育知识和方法。

第四，总结与反思体育教学活动。体育教师对体育课程内容资源的开发，在很大程度上源于对体育教学活动的自我总结，源于对体育课堂中各种情况的思考。体育教师要善于通过课后教学记载、通过与他人交流教学心得、通过自我反思，从实践中总结出有利于体育课程内容资源开发的各种经验。

（3）学生。学生是教育的对象，更是一种重要的教育资源。作为课程的主体，学生还是特殊的课程内容资源挖掘者。这可以从两方面来理解：①学生的生活经验是课程的重要依据，课程编制的一切活动都是建立在这个基础之上的；②学生在课程实施过程中并非被动地接受，而是主动地参与，课程本身具有"过程"和"发展"的含义。以学生为主体挖掘体育课程内容资源，其挖掘的广度、深度及相应的效果，主要取决于两个基本因素：一是学生本身所拥有的经验基础，二是体育教师对学生的帮助与指导。学生挖掘体育课程内容资源的任务主要有以下方面：

第一，达成学习目标。与体育学科专家和体育教师不同的是，学生挖掘体育课程内容资源的真正目的，并不在于获得一些可供体育教师参考的体育课程内容，而在于使学生获得学习的方法，学生挖掘体育课程内容资源的过程实际上就是实现学习目标的过程，达成学习目标是学生挖掘体育课程内容资源所要完成的基本任务。

第二，促进学习方式的转变。促进学习方式的转变也是学生挖掘体育课程内容资源需要完成的重要任务。以学生为主体进行体育课程内容资源挖掘，是对传统的学习方式——接受性学习的挑战，通过主动参与体育课程内容资源挖掘，学生懂得如何主动地去学习，懂得如何进行合作学习和研究学习，从而真正改变课程实施现状。

第三，促进经验的不断生成。从表面上看，课程是由特殊的社会成员设计的，但深层次上，课程是由学生来创造的。课程实施不是课程设计者为学生预设的发展路径，学生也并非完全通过对成人生活方式的复制来成长的，他们在与课程的接触过程中，时刻用自己独特的眼光去理解和体验课程，并不断创造出鲜活的经验，而这些鲜活的经验又是课程重要的组成部分。从这个意义上来说，以学生为主体挖掘体育课程内容资源，也要实现这个任务——学生在体育课程内容资源的挖掘过程中，不断地利用自己已有的经验，不断分享他人的经验，并不断生成新的经验。

第四，挖掘新的体育课程内容资源。尽管以学生为主体挖掘体育课程内容资源的根本目的不是获得各种体育课程内容，但学生所挖掘的体育课程内容资源在体育教师的指导下，可以经过进一步加工和筛选，形成一些具有学生特点的、有代表性的体育课程内容资源库。一方面，可以为体育教师指导学生进行体育课程内容资源挖掘提供参考；另一方面，体育教师也可从中选择部分内容，运用到体育课程的具体实施中。

2. 体育教育课程内容资源挖掘的范围

体育课程内容分为三类，即运动参与类、体育知识与技术类、体育活动经验类。简而言之，这三者分别代表的元素即身体练习、知识、经验。身体练习、知识、经验不仅是体育课程内容的主要元素，也是体育课程内容的主要来源，相应地，身体练习资源、知识资源、经验资源也是课程内容资源的主要来源。体育课程内容资源的挖掘即应在这个范围内进行。

（1）身体练习资源。身体练习是体育课程的主要内容。与其他文化课不同的是，体育课程学习的结果主要表现在体能的增强、运动技能的掌握和行为态度的改变等方面，必须通过学生亲身参与各种运动实践才能实现。这就决定了体育课程各种教和学的内容，主要由各种形式的身体练习所组成。因此，身体练习资源在体育课程内容资源体系中亦占有非常重要的地位，是需要重点挖掘的体育课程内容资源。

（2）知识资源。体育课程内容的知识资源主要源自体育学科的知识体系。因此，根据体育学科的知识体系，可以将体育课程内容知识资源分为三大类：体育基本理论知识资源、运动项目知识资源和健康知识资源。

第一，体育基本理论知识资源。主要涉及体育的一些基本原理方面的知识，主要源自体育人文和社会学方面的学科知识，如体育的学科基础、体育与社会发展的关系、体育的发展、体育与人的发展关系，等等。

第二，运动项目知识资源。主要涉及各个运动项目的基本理论知识，如各运动项目的运动技术、战术原理、比赛规则、训练方法等。

第三，健康知识资源。主要有三个基本来源：①体育自然科学学科方面的知识，如运动解剖学、运动生理学、运动保健学、学校卫生学、体育测量与评价等；②医学学科方面的知识，如卫生学、保健学、营养学、体质测量与评价学、中医学等；③心理学方面的知识。

（3）经验资源。每个个体在成长的过程中，总是不断地接受外部环境的刺激，并体验外部事物，形成经验。学生经验的获得，与其生活环境（包括自然环境和社会环境）是密不可分的。在社会环境中，家庭、社区和学校对学生经验的形成有着非常重要的影响。体育课程所涉及的学生经验资源大致包括了学生的家庭生活经验资源、社区生活经验资源和学校生活经验资源三方面。

第一，家庭生活经验资源。学生的家庭生活经验是多方面的，而与体育课程有关的主要表现在：①家庭游戏、娱乐运动设备使用经验；②学生个人游戏、娱乐及运动活动经验；③家庭成员共同游戏、娱乐及运动活动经验。

第二，社区生活经验资源。社区为人们提供了社会交往的组织空间和地理活动空间，人们的日常生活，大都是在一定的社区范围内进行的，社区对人的思想观念、行为规范、生存和发展等方面有着重要的影响。社区同时也是学生生活的重要空间，他们在社区的活动是丰富多彩的，社区生活经验构成了其经验的重要组成部分，具有非常重要的开发价值。可以作为体育课程内容资源开发的学生社区生活经验主要包括：①社区娱乐、游戏和运动活动经验；②社区娱乐、游戏和运动环境经验；③社区交往经验；④社区文化活动经验。

第三，学校生活经验资源。对于学生来说，由于学校生活的时间非常长，因此学校生活经验对他们的成长有着重要的意义。可以作为体育课程内容资源开发的学生学校生活经验主要包括：①学校娱乐、游戏和运动环境经验；②学校娱乐、游戏和运动活动经验；③学校体育社团活动经验；④学校交往经验。

二、体育教学设施资源

（一）体育教学场地资源的运用

场地就是体育教学的课堂所在，它们的设计与运用艺术，就如其他学科在教室内的板书。板书是课堂教学的"书面文字"，是课堂教学不可缺少的重要工具，而体育教学的场地不但是教学的直观工具，同样也是教学的重要内容和技术的实施之地。随着体育教学改革的发展，广大体育教师对场地形式的设计与运用更追求艺术性。

地位是指场地形式设计在体育课堂教学中的位置，作用是指场地形式设计为体育课堂教学所产生的效益，这是对场地形式进行研究的最基本点。

1. 体育教学场地的地位

场地不但是教学的直观工具，也是教学的重要内容和技术的实施之地。

（1）场地在教学中的地位是不可缺少的，换言之，是体育教学必备的条件和内容。教学的场地形式可以根据教材的需要有大小之变化，但绝不能缺少，没有场地形式，就没有体育教学的"课堂"了。从学校办学的规模和层次来看，体育活动（运动）场地是学校等级划分的重要标准之一；从素质教育的角度看，没有活动（运动）的场地，就不会有学生的全面发展、素质的综合提高。对体育教学而言，没有场地形式的设计与运用，就不称其为体育课了。所以说，体育课堂教学场地形式的设计是体育教学本身的重要标志。

（2）场地形式本身就是体育教学教材的内涵之一。很多运动项目的教学教材是离不开场地形式的。

场地形式在很多时候、在很多运动项目中，本身就是教学教材的学习内容之一。什么样的运动项目应在什么样的场地和专门要求条件下进行，是一般常识，是运动项目入门的基本知识。可见，体育运动项目的场地形式是该运动项目的特征反映，是该运动项目要求学生必须掌握的知识以及进行教学活动的必备条件。

2. 体育教学场地的作用

作用产生的效益有两种：一是直观效益，二是价值效益。

（1）场地形式可体现运动项目的特征。学生只要一见到篮球场就知道要上篮球课，一见到排球场地就知道要上排球课，一见跑道就知道要跑步，等等。这种直观的感觉就预先通知了学生上课的内容，在一定程度上调动学生的求知欲、兴趣及参与的热情。

（2）在体育课堂教学过程中，教师是通过运动项目的具体教学过程与学生发生课堂上的"交往"，而在一定含义上，运动项目是通过器材和场地形式来与学生联结起来的。学生在课堂上的一切"学"的活动，都是在项目的专用场地或教师自画的"模拟"场地上进行。场地形式提供的教学范围和内容是与学生的学的效益直接联系的。

（3）场地形式对运动项目的技术实施（教与学）起了一定限定性作用。例如，在篮球场地上、排球场地上，就不能用脚踢球，限定了它的"接触"条件，由此而来的技术学习就有具体的活动方式的定向性。

（4）在教学艺术的追求中，场地形式能促进学生锻炼热情的根源是它的审美性的表现。整齐、规范的场地形式让人赏心悦目。同时这种审美性也加强了教师对上课场地形式的设计，这种良性循环促进了教学改革的发展，提高了教师的教学艺术。

3. 体育教学场地的类型

（1）标准形式场地。标准形式场地是按项目要求尺寸和条件设计的运动场地，它本身就是运动特征的反映，各运动项目都具有自己的场地标准。而在学校体育教学实践中，有的是因学校自身条件所限，有的也是因技术教学的需要，如项目部分技术的学习，不一定要在标准场地上进行，教师往往设计一个"模拟"场地进行，这也是完全合理、符合教学设计的。教师只要有场地形式设计的课，就要认真备课。"模拟"场地虽然不标准，但也是大体按"标准"要求去设计或尽量往"标准"要求靠拢的，只是大小尺寸、条件规定会放宽一些，所以，将其划入标准形式场地分类之中。拥有标准形式场地是广大体育教师的一种体育目标的追求，也为体育的发展提供了条件。但体育教学的效益不完全取决于场地形式的标准化，这一点是不讲自明的道理。

（2）非标准形式场地。在我国，从广大学校体育的实际现状来看，学校体育课堂的教学过程大多是在非标准形式场地上进行的。一是要求现在学校的体育场地都标准化不现实，条件不成熟；二是很多体育教学的教材学习任务和教学组织，也不一定硬要在标准形式场地上进行；三是大量的教学组织和技术的传授对教学场地形式没有一个"标准"要求，靠的是教师的自我设计与思考。场地形式的具体设计是为教学需要服务的，是为教学效益服务的。所以，在传统教学或在体育教学改革实践中，出现在学校体育教学过程中的场地形式，大多都是非标准形式的，它们大体上可分为散点式、圆形式、方形式和直线式四种。

第一，散点式场地形式。散点式场地形式用于体操项目的各种定位操练习（包括徒手操与器械操）、武术循环练习的各练习点设置等，追求的是一种场面的均衡、协调与动作的整齐统一。在具有方向性的技术教学中，有利于学生的直观思维活动，有利于动作的模仿。一般在课的开始准备部分都大量采用该场地形式，给人以质朴、规范之美感。散点式场地形式教学，与学生之间都保持一定的距离，相互联系少、影响小，有利于学生与教师的直接联系，从这一角度看是有利的。另外，散点式场地形式在某些技术教学的基本教学中也被采用，形成一种小集团（小组）式的大散点。这就是为了发展学生之间的互帮互学、发挥小集团作用的一种积极形式，这在教学改革中大量涌现，也是散点式在形式上的发展。

第二，圆形式场地形式。圆形的边线无首尾之别，形状无方向之差，张力均匀，给人以流动、饱满、完整、团结的感觉。圆形式场地形式有利于课上队形的自然变化，有利于课的各部分自然均衡衔接；物象结构成圆形具有凝聚的整体感，引人注目，给人美的感受。尤其是在小场地进行的观摩课、研讨课中都大量地采用，给人以整体凝聚之感，引人注意。另外，圆形具有"向心性"特征，教师站在圆中便于组织和讲解，学生容易集中注意力。这与学生年龄有关，与教材的安排也有关。圆形式场地形式自身的变化也很多，有单圆式、双圆式和多圆式，有同心圆形式，也有方中套圆、圆中套方形式以及与多种图形的配合形式等。教师的设计要因地、因人、因教材去考虑，以选择最佳的形式，要有利于讲解、示范，有利于组织队伍的调动，有利于教材的某些特性的教学。总之，要灵活运用。

第三，方形式场地形式。方形式场地形式的设计与三角形式场地形式的设计与运用，都体现出一种稳定性特点，也适合不同运动项目组合教学时的项目交换。方形的横排水平感觉、纵排的垂直感觉给人以刚直、严肃与沉着，创造一种"规范"的课堂氛围。如果说圆形式场地形式具有"美"的感觉，那么方形式场地形式就更具严肃、认真的科学规范。我们把方形的变化形式，如三角形、长方形、正方形或菱形都纳入此形式。

第四，直线式场地形式。直线具有一种无止境感，具有竞争性。直线式场地形式多用于表现和培养学生的勇敢、刚健以及提高学生的奔跑、跳跃能力的教学中，它的运用时机与圆形式场地形式正好相反，大学体育的教学中直线式场地形式采用最多，无论是运动项目本身特性还是教师教学组织都体现这种倾向。体育运动项目的基础是田径运动，而田径运动的特点之一是运动轨迹的"向前"性。这种直线向前的愿望和能力是人发自心灵的追求。所以，有竞争性的项目，包括游戏，大多采用直线式场地形式。

总之，无论是散点式、圆形式、方形式还是直线式，都是非标准式场地形式的不同表现形式，在实际教学中，往往都是综合运用或者按课的不同阶段交替使用。教学的教材内容所确定的教学目标与场地形式的最佳组合，也是教学艺术的突出显现。

（二）体育教学器材资源的运用

体育运动器械是进行某运动项目所使用的器材，是该运动项目特征的概括，往往是根据器械的命名来确定该运动的特征的。例如，篮球既是一个球的名称，又是一项体育运动的象征，排球、乒乓球等也是如此。所以，从事何项运动，就必须用专项器械，这是不成问题的问题。当然，运动自身的发展，可能改变该运动器械的大小、重量、尺寸，但绝不会改变其原有名称，因为它已经是该运动的代名词。

在传统的学校体育教学中，基本沿用的是竞技体育项目。所以，各种竞技体育项目的器械名称，就成了学校体育教材。例如，体操项目的单杠就成了单杠运动教材，技巧运动的垫子就成了垫上运动教材。当然，这些体育项目的动作是丰富多彩的，但其名称还是以器械的名称而命名的。随着学校体育的发展与进步，尤其是多年来学校体育改革的发展，许多非竞技性运动项目和手段在学校体育教学发展中不断涌现，成为完成"健康第一"总目标的体现。继而产生了学校体育课堂教学的器械选用与发展这个值得研究的新课题。这是学校体育教学发展的需要，也是贯彻素质教育的需要。

1. 体育器材的地位与作用

（1）体育教材的大多数项目是有器械的体育项目。除了田径运动的跑、武术教材的拳、基本体操的定位徒手操等少数项目外，大多数项目都是以器械的直接参与或者是根据器械的固有特征来进行教学的。对教材技术性的学习、提高和掌握都是以器械为"源"的，没有教学器械就没有教材。可见器械在体育教学中的地位是"根基"，其作用是"源头"。但这里谈到的"选用"问题，是指在学校体育教学这个特定环境中，有些项目不能完全照搬竞技运动的规定，必须面向不同情况的全体学生而定。

小学、中学、大学的学生身心基础条件和发展水平不尽相同，器械的选用就必定有差异。所以，才出现了儿童用球以及小于标准尺寸、重量的各种球，低于标准篮筐的少年篮球架、少年足球门以及适合学生身心条件的各种变化的体育运动器械。这完全是针对学校的学生情况而变，是体育运动项目作为学校体育教学教材的适应性变化。所以，这种适应学生条件的器械变化及适宜地选用器械是进行体育教学、完成教材教学目标的基础。

（2）学校体育教材的技术性传授教学过程，都是围绕着器械的特性而进行的。有了规定尺寸和颜色变化的圆柱形的接力棒，才有了"下压式"和"上挑式"传接棒的方法和技术。又例如，篮球传接球、跑动中运球、接球及各种投篮技术的教学过程，都须用球这个实体来实现，也都必须用篮球架器械来完成等。所以，器械是某项运动的"技术"存在的前提，有了这种器械的发明与发展，才有了该技术的不断进步。体育教学是基本离不开体育器械的，而体育器械的选用，是为了结合学生实际完成教材教学目标的必要前提。掌握了器械特性，也就基本能掌握适应主体条件的运动技术。

（3）器械的选用、使用技术以及必要规则规定是该运动的基本要素。器械的选用、使用技术以及必要规则规定是实现该运动在教学教材中的教学目标的最基本内容。同时，这三大基本要素的结合与协调发展，促进了该运动的发展。任何体育竞技运动项目的初始面貌与现在都是大不相同的，都是经过长时期的具体实践而逐步提高的，是与该运动场地形式的设计与运用有机结合而同步发展的。体育器械是完成教学目标的重要手段，而体育器械的选用是为了更符合学生实际，是为了达到体育教学目标，是学校教育目标实现的最基本手段和方法。

总之，体育教学离不开体育运动项目的器械选用，它的教学目标是通过所选器械的教学技术的传授过程来实现和发展的。没有体育运动器械的存在，就没有体育教学的技术传授过程，也就没有体育教学。

2. 体育教学器材的选用

体育教学体育器械的选用分为两大类：竞技运动项目器械和非竞技运动项目器械。

（1）竞技运动项目器械。学校体育教学教材所选项目，大多沿用竞技运动项目，其器械也当属竞技运动器械。只不过根据学校学生实际，在尺寸、重量上有了一些变化，其性质并没有改变。其大体分为田径运动、球类运动、体操和民族传统体育运动等方面。可是，它们在学校存在的数量和种类受学校各方面条件所限，差异较大。

（2）非竞技运动项目器械包括以下部分：

第一，竞技运动项目的非"竞技"的辅助器械，例如：练习和提高力量素质的实心球、综合素质练习的"肋木架"和"联合器械"、体操的"倒立架"和"体操棒"、排球运动的"吊球"等。此类器械的出现，是为了使学生掌握该运动器械技术的一种过渡，也是为该竞技运动项目的技术学习和能力提高服务的，是正规器械运动的辅助，所以也称为辅助器械。但是在学校体育教学中，根据教学目标的需要，也有很多辅助器械成了教材的"正规"器械，如体操棒及攀登爬越教学器械等。他们也成了学校体育器械中的最基本器械，而且因为其灵活方便，使用面相对较广，其购买条件也容易达到，所以各学校基本都有，是较为普遍存在的体育教学器械。

第二，自制体育器械，其中一部分是受学校购买条件所限的"正规"辅助器械，如自制实心球、体操棒、接力棒等。随着学校体育改革的发展，一批小型、多样的教学自制小器械大量出现，丰富了学校体育课堂教学，以器械创新带动教学手段和方法的创新，开拓了体育教学新局面，如用废弃塑料打包带编制的用于投掷练习的"玲珑球""纸飞机""可升降伞式投掷器""鱼跃前滚翻练习诱导器"等，都是为了活跃课堂教学氛围，提高学生对运动项目技术的了解。学习一种小型多样、方便使用、新颖而出效益的创新自制小器械，满足了教学技术的学习要求，满足了教学课堂中师生双方对激情的追求。

第三，自制的竞技运动项目的"非标准"器械，如"多边形单杠""升降式、多组合篮球篮""可折叠、可打开栏板的简易跨栏架"等。虽然此类器械都有标准型，但有时不适合学生人数多的教学。所以，为了加大密度与强度，进行变化节奏的教学创新自制虽是用于竞技体育运动项目，但又不能用于竞技比赛，只用于学校体育的教学与活动的竞技体育类的器械，为学校体育教学出高效益做出了贡献。

第四，随着体育教育思想的发展、体育教育观念的创新，一批体现体育的健身和娱乐性的体育器械进入了学校体育教学课堂，"蹦蹦球""轮滑鞋""滑轮车""滑轮板"等既丰富了体育教学教材内容，又符合贯彻"健康第一"的教育方针，与地方特色相结合，扎扎实实地开展素质教育，是一个可喜的创新。

通过以上对学校体育器械分类的分析，不难看出，学校体育的发展是与学校体育器械的创新及发展紧密结合的。学校体育中的竞技类体育运动与非竞技类体育运动紧密结合，是学校体育教学思想的进步与发展的结果。

第四节　课外与校外的体育教学资源

我国地大物博，各地区的地理、气候、经济、文化等差异很大，各地区都拥有丰富和独特的校外体育课程资源，这些资源的合理开发，将为体育课程改革提供十分有利的条件。近年来，为了使体育课堂生动活泼，不少学校都开始在积极地尝试开发校外的体育资源。

一、课外体育教学资源

这里所说的课外泛指上课前、课间和课外体育锻炼时间等。开展课前和课间体育锻炼活动，可以把课间操时间延长到20~30分钟，开展大课间体育锻炼活动，改变课前和课间只做广播操的单一活动内容，增加防治脊柱侧弯操、眼保健操、跑步、球类活动、民间体育、游戏活动等内容。学校应抓好课外体育锻炼和校内体育比赛，应保证学生每天一小时的锻炼时间。锻炼内容由锻炼小组或班级确定，学生也可以自选锻炼内容。

（一）引导学生参与课外体育活动

由于课外体育活动在时间的安排和地点的选择上都具有较高的自由度，而且课外体育活动也不只局限于校内，在校外进行体育锻炼也是另一条途径，校内与校外锻炼相互结合，已成为课外体育发展的新方向。

1. 引导学生参与体育锻炼，营造校园体育文化。体育课在时间上和内容上都不允许也无法完全满足学生体育锻炼的要求，只有利用好课外体育活动，而课外体育锻炼的手段是以学生自主练习为主，教师可以通过课堂教学引导，让学生学会在课外时间进行体育锻炼。为了丰富课余体育活动内涵，在校内还可以举行各种类型的体育知识讲座、体育演讲比赛、体育图片展览等活动。通过这些活动的展开，不仅可以活跃校园文化和营造体育文化氛围，而且还可以扩大学校体育活动资源，丰富学生的课余文化生活。

2. 发挥地域优势，让锻炼走出校园，延伸到野外。校外体育锻炼是指学生在学校以外参加的体育锻炼活动，充分利用自然力因素（阳光、空气、水），能有效促进青少年的正常发育，提高身体基本活动能力、运动能力和提高身体素质以及对客观环境的适应能力，取得动态平衡，有利于增进健康，增强体质。对于生长在农村的学生来说，对周围自然环境相对较为熟悉，如爬山游泳等都是其利用自然环境进行身体锻炼的好方法。体育教师可以根据当地的实际情况，有意识地指引学生学会在校外进行体育锻炼。

（二）课外体育活动组织形式灵活

课外体育活动的组织形式灵活，内容方法多样，课外体育活动不受大纲、教材限制，因而在学校开展课外体育活动具有鲜明的课余性、广泛的群众性。所以它的组织方法非常灵活，既可以班级形式进行，也可以小组或个人的形式进行，活动内容也丰富多彩。

1. 全校性的体育活动。在全校开展课外体育活动，是在学校统筹安排下，以年级或班级为单位进行的课外体育活动，具有一定的指令性，是课外体育活动的主体。全校性的体育活动有如广播操、眼保健操、游戏、体育舞蹈等项目，这些体育项目的实施开展一般都受到学校的重视，并制定相应的检查制度。

2. 班级体育活动。班级体育活动是将全班分为若干小组，在体育教师或班主任指导下，在班干部的带领下进行的体育运动，如开展集体舞、各种体育游戏（如：一分钟跳绳比赛接力）等，既可增强班级的凝聚力，又可丰富班级的文体活动。

3. 个人体育活动。个人体育活动可在校内也可在校外，学生根据自己的兴趣和实情，自行选择体育项目进行锻炼。体育教师在教学中要引导学生加强课外体育活动。

（三）课外运动竞赛激发学生兴趣

课外运动竞赛是推动校内外群众性体育运动的广泛开展和增强学生体质的基本途径之一，也是普及和提高学校体育运动的重要措施。以竞赛的方式组织篮球赛、足球赛和其他球类的技术比赛或小型多样的趣味比赛，在竞赛中培养和激励学生的学习积极性。各种比赛在教师的指导下，由学生共同组织参与、策划，充分锻炼学生参与活动的自主性和创新性，让他们体验参与成功的快感。

课外体育活动资源的开发利用，不仅可以在课程内容的开发、自然地理环境的利用、体育设施的改造，而且可以在人力资源和体育信息资源等方面的开发。这就需要体育教师有意识地"开发"出更实用的课外体育活动的资源，丰富校园体育文化活动。

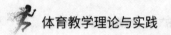

二、校外体育教学资源

（一）家庭体育活动的开展

随着物质生活的不断提高，人们的生活质量也在不断改善，体育锻炼越来越受到人们的普遍重视。在经济发达地区或收入较高的家庭，人们已经把体育作为一种生活方式和消费形式纳入正常的家庭生活之中。有的家庭体育锻炼习惯非常好，他们把体育活动作为家庭生活的一个重要组成部分，一家人在一起进行欢快和谐的体育运动，家长运用自己的经验和方法指导子女们进行身体锻炼，子女们也运用自己学到的体育知识、技能和技术与家长进行切磋交流，既锻炼了身体，又增进了交流，其乐融融。但是，由于经济发展的不平衡性和城乡生活方式的差异，并非所有的家庭都具有体育锻炼的条件和习惯。应运用学生的带动作用，发挥家长的督促作用，以此促进家庭体育活动的开展。

（二）社区体育活动与竞赛

近年来，生活逐渐富裕的人们，对文体娱乐活动的需求不断增大，体育作为社区开展活动最基本的形式之一，普遍受到人们的欢迎，活动形式丰富多彩。社区领导出谋划策，专业人员组织指导，民间艺人各显其能，男女老少积极参与。特别是每到假期，各地学生利用自己的特长，参与社区文体活动，为社区文体活动注入了朝气和活力，壮大了社区活动的力量。学生利用节假日积极参加社区的文体活动，不但丰富了自己的人生阅历，同时也是进行社会实践的好机会。

（三）体育俱乐部活动模式

体育俱乐部是近年发展起来的一种新的体育活动模式，大中城市和经济发达地区的小城镇以及乡村等各种规模的体育俱乐部的诞生，为人们从事体育活动提供了非常好的条件。特别是"政府投资、立足学校、自主经营、服务校内外"的体育俱乐部，为学生参加体育活动创造了物质条件。除正常的教学活动外，学生根据自己的爱好和特长，以会员的形式参加俱乐部各单项体育组织，在专业人员的指导下，掌握体育技术，提高运动技能，为终身从事体育锻炼奠定良好的基础。

思考与练习

1. 体育教学资源的类型有哪些?

2. 体育教学媒体资源的选择受到哪些因素的制约?

3. 校外体育教学资源除了上述讲到的，你还能想到哪些?

第七章 不同类型的体育运动教学实践

第一节 篮球运动教学实践

一、篮球运动的技能教学

"篮球运动的特性是篮球运动的固有属性，它是篮球运动内在规律的外在体现。"[①] 篮球技术是队员在比赛中以攻守为目的所运用的各种专门动作的总称，是队员进行比赛的主要手段，基础阶段基本技术掌握得好坏，直接影响着队员高难度动作的掌握和篮球水平的提高，在开始阶段练好基本技术，对在今后比赛中取胜有着重要的意义。

（一）移动技能教学

1. 起动。从基本站立姿势开始，向前起动时以后脚或异侧脚（向侧起动）前脚掌短促有力地蹬地，同时上体迅速前倾或侧转，向跑动方向移动重心，手臂协调摆动，充分利用蹬地的反作用力，迅速向跑动方向迈出。

起动动作要领：移重心，起动后的前两三步前脚掌蹬地要短促有力。

2. 变向跑。变向跑是队员在跑动中利用方向的变化完成攻守任务的一种方法，从右向左变向时，最后一步用右脚前脚掌内侧用力蹬地，同时脚尖稍加内扣，迅速屈膝降重心，腰部随之左转，上体向左前倾，移动重心，左脚向左前方跨出，蹬地脚及时跟上。

变向跑动作要领：变方向的瞬间屈膝降重心、移重心，异侧脚前脚掌内侧迅速蹬地，同侧脚迅速跨出，蹬地脚及时跟上。

3. 侧身跑。侧身跑是队员在向前跑动中，为观察场上情况，侧转上体进行攻守动作

---

① 刘玉林，王建国，张培峰. 篮球运动特性的研究 [J]. 成都体育学院学报，2004，30（1）：57.

的一种方法。队员在向前跑动时，头部与上体侧转向球的方向，脚尖正对跑动的前进方向，内侧腿深屈，外侧脚用力蹬地。

侧身跑动作要领：面向球转体，切入方向的内侧腿深屈，外侧脚用力蹬地，重心内倾。

4. 急停。急停分为跨步急停和跳步急停。

（1）跨步急停。急停时向前跨出一大步，腿微弯曲，脚跟先着地，同时上体稍后仰，重心后移，上第2步时重心下降，用脚掌内侧蹬地，停后重心移至两脚上。

跨步急停动作要领：第1步要大，第2步要跟得快，脚前掌内侧用力蹬地。

（2）跳步急停。移动中用单脚或双脚起跳，上体稍后仰，落地时全脚掌着地，两腿弯曲，两臂屈肘微张，以保持身体平衡。

跳步急停动作要领：重心放在两脚之间，两腿弯曲，两臂屈肘在体侧，保持平衡。

5. 滑步。滑步是防守移动的一种主要方法，可分为侧滑步、前滑步和后滑步。以侧滑步为例：滑步前，两脚左右开立约与肩同宽，膝微屈，上体稍前倾，两臂侧伸，目平视。向左滑步时，右脚前脚掌内侧用力蹬地，左脚同时向左跨出，在落地的同时，右脚迅速随同滑行，然后重复上述动作，滑步时身体要保持平稳。

滑步动作要领：重心平稳，移动时做到异侧脚先蹬，同侧脚同时跨出，异侧脚再跟上。

6. 移动技能培养方法：①在明确各种移动技术动作要领的基础上做模仿练习，重点体会重心变换和脚用力的部位；②在练习过程中，根据熟练程度，逐渐加快移动速度，直至达到实战需要；③做各种移动技术的组合练习，以提高动作的连接能力；④结合对抗做移动技术练习，以增加对抗性；⑤在实战中体会移动技术要点，以提高动作的实效性。

（二）传球技能教学

传球是篮球比赛中进攻队员之间有目的地转移球的方法，它是场上队员之间相互联系和组织进攻的纽带，是实现战术配合的具体手段。

1. 双手胸前传球。两手手指自然分开，拇指相对成八字形，用指根以上的部位持球，手心空出，屈肘持球于胸前。传球时，后脚蹬地重心前移，同时前臂迅速向传球方向伸出。拇指用力下压，手腕前屈，中、食指用力拨球将球传出。

双手胸前传球动作要领：蹬地，展体，伸臂，扣腕，手腕急促地由下而上、由内向外翻，同时拇指下压，中、食指用力拨球。

2. 单手肩上传球。以右手传球为例，双手持球于胸前，两脚平行开立。传球时，左脚向传球方向迈出半步，同时将球引至右肩上方，肘外展，右手托球，左肩侧对传球方向，重心落在右脚上，右脚蹬地，身体向传球方向转动，以大臂带动小臂，肘关节领先，前臂迅速向前挥摆，手腕前屈，通过食指和中指拨球将球传出。球出手后，重心前移，右脚向前迈出半步，保持基本站立姿势。

单手肩上传球动作要领：转体挥臂，扣腕，自下而上发力。

3. 传球技能培养方法：①明确传球的动作要领，做原地徒手的模仿练习；②对墙设定目标，做原地传球练习，体会手臂、腕、指的动作及传球路线和掌握落点；③原地将球传给跑动中的队员，体会移动中传球的提前量和落点；④在消极防守的情况下练习传球的落点；⑤在实战中体会合理地运用不同的传球技术，控制球的速度、路线。

（三）投篮技能教学

投篮是篮球运动的关键技术，是比赛中唯一的得分手段，投篮得分的多少决定着比赛的胜负。

1. 双手胸前投篮。两脚前后站立，与肩同宽。双手持球于胸前，肘关节自然下垂。上体稍前倾，两膝微屈，身体重心放在两脚之间，目视目标。投篮时，两脚蹬地，腰腹伸展，两臂上伸，拇指向前压送，两手腕同时外翻，指端拨球，用拇指、食指、中指投出，腿、腰、臂自然伸直。

双手胸前投篮动作要领：动作的关键在于掌握好屈膝蹬地，腰腹伸展，手臂上伸和球出手时手腕、手指用力要连贯协调。

2. 单手肩上投篮。以右手投篮为例，右手五指自然分开，向后屈腕，屈肘持球于肩上，左手扶球，右脚稍前，左脚稍后，重心放在两脚之间，上体稍前倾，两腿微屈，目视目标。投篮时，用力蹬地，伸展腰腹，抬肘，手臂上伸，手腕、手指前屈，指端拨球，用中、食指将球投出，手臂向前上方自然伸直。

单手肩上投篮动作要领：投篮时要自下而上发力，抬肘，手臂上伸，屈腕拨球，将球投出。

3. 行进间单手低手投篮。右手投篮时，一般右脚腾空接球落地。接球时第 1 步稍大，第 2 步稍小，用左脚向前上方起跳。腾空时，持球手五指自然分开，托球的下部，手臂向上伸展。接近球篮时，手腕柔和上摆，食指、中指、无名指向上拨球，擦板或空心投篮。

行进间单手低手投篮动作要领：第 1 步大，第 2 步稍小且继续加速，腾空高，投篮瞬间要控制好身体的平衡。

4. 运球急停跳起投篮。在快速运球中，运用跳步或跨步急停，突然向上起跳，同时持球上举。当身体接近最高点时，前臂向前上方伸直，手腕前屈，食指、中指用力拨球，通过指端将球投出。

运球急停跳起投篮动作要领：运球急停跳投的关键在于快速运球中急停的步伐要稳，连接起跳技术要协调，身体腾空和投篮出手要协调一致。

5. 投篮技能培养方法：①明确投篮动作要领后，徒手做原地投篮的模仿练习；②持球原地对墙或人做投篮练习；③面对球篮做投篮练习，根据投篮技术掌握程度，变换投篮距离和角度；④在消极防守下进行投篮练习；⑤在实战中体会投篮动作，掌握投篮出手的力量、角度和时机。

（四）运球技能教学

运球是一项重要的进攻技术，是控制球、组织战术配合及突破防守的重要手段。

1. 高运球。运球时，两腿微屈，目平视，运球手用力向前下方推压球，球的落点在身体的侧前方，使球反弹起的高度在腰腹之间，手脚配合协调，使球有节奏地向前运行。

高运球动作要领：运球手虎口向前，注意球的落点。

2. 低运球。两脚前后开立，两腿弯曲，重心下降，上体前倾，用远离防守队员的手用力向下短促地推压球，使球从地面向上反弹起的高度在膝部以下。

低运球动作要领：大小臂的发力要协调，手腕的用力要柔和，控制好球的反弹高度。

3. 运球急停急起。在快速运球中，突然急停时，手拍按球的前上方。运球疾起时，要迅速起动，拍按球的后上方，要注意用身体和腿保护球。

运球急停急起动作要领：运球急停急起时，要停得稳，起得快。

4. 转身运球。以右手运球为例，变向时，右脚在前为轴，做后转身的同时，右手将球拉至身体的左侧前方，然后换手运球加速前进。

转身运球动作要领：运球转身时要降低重心，拉球动作和转身动作要连贯一致。

5. 背后运球。以右手运球为例，向左侧变向时，右脚在前，右手将球拉到右侧身后，迅速转腕拍按球的右后方；将球从身后拍按至身体的左侧前方，然后左手接着运球，左脚向前加速前进。

背后运球动作要领：右手将球拉至右侧身后时，要以肩关节为轴，并迅速转腕拍按球的后上方。

6. 运球技能培养方法：①做原地的各种运球练习，体会手臂、手腕、手指及上下肢配合的协调性；②做左、右手的直线运球，体会行进间运球的部位；③运球熟练后，做多种运球的组合练习；④结合防守做各种运球练习；⑤在实战中体会各种运球的合理运用。

二、篮球运动的战术教学

（一）持球突破技能教学

持球突破是持球队员运用脚步动作和运球技术快速超越对手的一项攻击性技术。

1. 交叉步突破。以右脚做中枢脚为例，两脚左右开立，两膝微屈，降低身体重心，持球于胸腹之间。突破时，左脚前脚掌内侧用力蹬地，上体稍右转，左肩向前下压，重心移向右前方，左脚向右侧前方跨出，将球引于右侧，右手运球，中枢脚蹬地向前跨出，迅速超越对手。

2. 顺步突破。准备姿势和突破前的动作要求与交叉步相同。突破时，右脚向右前方跨出一步，向右转体探肩，重心前移，右手将球运在右脚的外侧，左脚迅速蹬地，向右前方跨出，突破防守。

3. 持球突破技能培养方法：①原地徒手做持球突破练习，体会脚步动作的要领；②原地持球做突破练习；③结合球篮做持球突破接行进间投篮练习；④消极防守做持球突破接行进间投篮练习；⑤在实战中结合比赛的情况，合理运用突破技术。

（二）防守对手技能教学

防守对手是防守队员合理地运用各种步法和手臂动作积极地抢占有利位置，阻挠和破坏对手的进攻意图和行动，并以争夺控制球权为目的。

1. 防守无球队员。防守时，位置要保持在对手与球篮之间，偏向有球的一侧。防守队员要根据球和人的移动合理地运用上步、撤步、滑步、交叉步、并步和快跑等步法，并配合身体动作抢占有利防守位置，堵截其摆脱移动路线。在与对手发生对抗时，重心下降，双腿用力，两臂屈肘外展，扩大站位面积，上体保持适宜紧张度，在发生身体接触瞬间提前发力合理对抗。

防守无球队员动作要领：要抢占"人球兼顾"的有利位置，防守时，要做到内紧外松、近球紧、远球松、松紧结合。防止对手摆脱，随时准备协防补防。

2. 防守有球队员。应站位于对手与球篮之间。平步防守时，两脚平行站立，两手臂侧伸，不停地挥摆，适合于防运球和突破。斜步防守时，两脚前后站立，前脚同侧手臂向前上方伸出，另一手臂侧伸，适合于防守投篮。

防守有球队员动作要领：要及时抢占对手与球篮之间有利的防守位置，并根据进攻队员的技术特点，采用平步防守或斜步防守步法。

3. 防守对手技能培养方法：①在对手静止站立状态下，选择正确位置和距离；②在对手移动时选择正确的位置和距离；③结合移动技术练习，进行消极对抗下的防守练习；④结合实战，根据场上情况，合理运用技术动作。

（三）抢球、打球、断球技能教学

抢球、打球、断球是防守中具有攻击性的技术，是积极的防御思想在防守过程中的体现，是积极防守战术的基础。

1. 抢球。抢球动作可分为两种：一是转抢，防守队员抓住球的同时，迅速利用手臂后拉和两手转动的力量，将球从对方手中抢过来；二是拉抢，防守队员看准对手的持球空隙部位，迅速用两手抓住球后突然猛拉，将球抢过来。

抢球动作要领：判断准确，下手及时。

2. 打球。打持球队员手中的球时要根据持球的部位采用不同的动作。队员持球高时，打球时掌心向上，用手指和手掌打球的下部；队员持球低时，打球时掌心向下，用手指和手掌打球的上部。

打球动作要领：打球时动作要小而快，切记不要过大过猛。

3. 断球。断球方法分两种：一是横断球，二是纵断球。横断球时，降低身体重心，当球由传球队员传出时，单脚（或双脚）用力蹬地，突然跃出（两臂前伸将球断掉）。纵断球时，当防守队员从接球队员的右侧向前断球时，右脚先向右侧前方跨出半步，然后侧身跨左脚绕过对方，左脚（或双脚）用力蹬地向前跃出，两臂前伸将球断掉。

断球动作要领：掌握断球时机，动作快速突然。

4. 抢、打、断球技能培养方法：①徒手体会抢、打、断球时的手部动作；②练习抢、打、断球时的脚部动作；③抢、打持球队员手中的球；④结合实战，合理运用抢、打、断球技术。

（四）抢篮板球技能教学

比赛中双方队员在空中争抢投篮未中从篮板或篮圈反弹出的球，统称为抢篮板球。抢篮板球技术又分为抢进攻篮板球和抢防守篮板球，抢篮板球技术由抢占位置、起跳动作、抢球动作等组成。

1. 抢占位置。无论是进攻队员或防守队员，在抢篮板球时，应根据对手和投篮队员所处的位置，判断球的反弹方向，运用快速的脚步移动，抢占在对手与球篮之间靠内线的位置，力争将对手挡在自己的身后。

抢占位置动作要领：判断准确，移动及时，抢位得当。

2. 起跳动作。两腿屈膝，重心降低，上体稍前倾，两臂稍屈，举于体侧。起跳时，两脚用力蹬地，两臂上摆，手臂向上伸展，腹、腰协调用力。防守队员一般多采用转身跨步起跳，进攻队员则多采用助跑单脚起跳或跨步双脚起跳。

起跳动作要领：起跳迅速，时机掌握好。

3. 抢球动作。双手抢篮板球时，两臂用力伸向球反弹的方向。身体和手达到最高点时，双手将球握紧，腰腹用力，迅速屈臂将球下拉置于身前。单手抢篮板球时，身体在空中要充分伸展，达到最高点时，手臂要伸直，指端触球，用力屈腕、屈指、屈臂拉球于胸前，另一手护球。当遇到对方身材比较高，不能直接得到球时，可用手指点拨的方法，将球点拨给同伴或点拨到自己便于接球的位置。

抢球动作要领：抢到球时，要迅速持球到有利位置，并加以保护或采用下一个进攻动作。

4. 抢篮板球技能培养方法：①徒手模仿起跳和抢球练习；②自己向上抛球，练习单、双脚起跳抢球动作；③两人一球，站篮圈两侧，轮换跳起在空中用单手或双手将球托过篮圈，碰板后传给同伴；④三人一组，一人投篮，另两人练习抢进攻篮板球或防守篮板球；⑤结合实战，练习抢篮板球。

第二节　乒乓球运动教学实践

乒乓球运动起源于19世纪末的英国，最早叫"tabletennis"，译成中文叫"桌上网球"。由于球拍击球和桌面碰弹球时发出"乒乓"的声音，所以"乒乓球"的名字由此诞生。"随着社会文明的进步和现代人生活方式的改变，现代乒乓球运动的意义已不再仅仅限于体育与游戏的范畴，而越来越多地融入社会文化之中。"① 乒乓球运动设备简单，容易开展，运动量可大可小，参加者不受年龄、性别等限制。乒乓球小而轻、速度快、变化多，击球时要求比较高的准确性、灵敏性和技巧性。乒乓球运动具有很强的竞争性，可以培养人的心理素质。相对于足球、篮球等运动，它没有直接的身体对抗，自己可控制运动量，非常有利于普及。

一、乒乓球运动的技术教学

（一）乒乓球运动的发球与接发球技术

发球和接发球是乒乓球的重要基本技术，是相互推动向前发展的。发球技术的提高能促进接发球技术的提高，反之，接发球技术的提高又能促使发球技术的再提高。

1. 发球技术

发球是力争主动、先发制人的第一个环节，是每分的开始。发球时不受对方的制约，可以选择自己最合适的站位，按照自己的意图把球发到对方球台的任何位置上去，用以压制对方的进攻，为自己的进攻创造有利条件。球发得好，还能在比赛中引起对方的紧张，甚至导致其接球失误。

发球技术应注意：①抛球要稳定（抛球的高度和抛球后球上升与回落的线路要稳定）；②触球点的高度要适当，发急长球时触球点要低些，发近网短球时触球点要高些；③球在本方台面第一跳的着台点要适当，发长球时第一跳要在球台的端线附近，发短球时第一跳要在中台位置；④手臂或手腕向前、向下发力要适当，使球既不致下网也不致弹跳过高或出界；⑤球拍摩擦球的部位和用力方向要准确，尽量用相似的动作发出不同的旋转球；⑥注意腰、臂、腕的协调配合，用以提高发球的质量。

（1）平击发球

1）特点。平击发球一般不带旋转，它是初学者最基本的发球方法，也是掌握其他复杂发球方法的基础。

2）动作要点。主要包括：①发球时持球手将球向上轻轻抛起（不得低于规则允许的高度），同时持拍手向后引拍，大臂自然靠近身体右侧；②当球从高点下降时，持拍手以肘为轴，前臂向右前方横摆击球；③向前挥拍时，拍面稍前倾，击球的中上部；④击球后

---

① 谢诚. 对乒乓球运动文化内涵的阐释 [J]. 湖北大学学报（哲学社会科学版），2006，33（1）：120.

第一落点应在球台的中区。

（2）正手发奔球

1）特点。球速快，角度大，突然性强，并向对方右侧偏拐，是直拍推攻打法常用发球技术。

2）动作要点。①当持球手将球向上抛起后，持拍手随即向右后上方引拍，手腕放松。拍面较垂直。当球从高点下降时，大臂带动前臂由右后方向左前方挥摆，同时腰也由右向左转动。②当拍面触球的一瞬间，拇指用力压拍左肩，手腕同时从后向前使劲抖动，球拍沿球的右侧中部向中上部摩擦球。③发球的第一落点要靠近端线。

（3）反手发急上旋长球

1）特点。速度快，弧线低，线路长，前冲力大，是快攻型打法的常用发球技术。

2）动作要点。①发球时持球手将球向上轻轻抛起，同时持拍手随即向后引拍，上臂自然地靠近身体右侧；②当球从高点下降时，持拍手以肘为轴，前臂向右前方横摆发力击球；③触球时拍面稍前倾，摩擦球的中上部，使球快速前进并具有一定的上旋；④球离拍后，第一落点在球台端线附近。

在学习发球时，应该由浅入深，由易到难。初学者可以先学习平击发球，待发球的准确性有所提高，基本上能够掌握发斜、直线球之后，再学发急球、短球和左（右）侧上（下）旋的球，然后再学习用同一手法发不同旋转的球，以及其他难度较大的发球，根据各人不同情况区别对待，不必强求一律。

练习发球的步骤包括：①徒手做发球前准备姿势，模仿抛球及发球的动作。②先对墙练习发球，稍熟练后再在台前练习发球到对方台面。③同一种旋转的球先练习发斜线，后练习发直线；先练习发不定点的，后练习发定点的；先练习发长球，后练习发短球。④练习发各种旋转性能的球至不同落点。⑤练习同一种手法发不同旋转和落点的球。⑥结合个人技术特点，练一至两套质量高的特长发球。

2. 接发球技术

接发球是乒乓球技术中的关键技术。由于发球权掌握在对方手中，对方可以随意将球发至本方台面的任何落点，力量、速度、旋转等也可随机变换。不同类型打法的运动员所掌握的发球种类各不相同，增加了发球的多变性与接发球的困难。对方发球到本方接发球时间很短，接发球者必须在极短的时间内判断清楚来球的旋转、落点，并做出相应的步法移动和回接动作等，因此，反应快、技术熟练，是接发球的基本要求。一般来说，虽然接发球是被动的，但是，若技术运用恰当，往往也能化被动为主动，成为取胜的关键。

接发球技术手段很多，基本上是由点、拨、拉、推、搓、削、摆短和攻球等各种技术组成的。因此，只有较全面地掌握各种接发球的方法，方能在比赛中减少被动，化为主动。

（1）接发球的要点

1）根据对方发球时的站位决定自己接发球的站位。如果对方用正手在球台右方发球则站位应偏右一点，如果对方用反手或侧身在球台左方发球则站位应偏左一些。站位偏左或偏右多是从回接对方发来角度较大的斜线球来考虑的。站位离台远近的选择，应根据个人习惯打法来决定，通常为了便于照顾接长球又能接短球，站位不宜太远或太近。

2）观察对方发球前的引拍方向及球拍触球瞬间摩擦球的方向，判断球的旋转性能。如果向上则带上旋，向下则带下旋，向左（右）则带左（右）侧旋，不要被假动作所迷惑。

3）观察发球时挥臂的动作幅度和手腕用力大小，判断球的落点长短和旋转强弱。

4）根据发球的第一落点判断来球的长短。如果第一落点短、弧线长，则发过来的是长球（急球）；如果第一落点长、弧线短，则发过来的是短球。

5）根据球在空中的飞行弧线判断旋转。一般来说，先快后慢是下旋，先慢后快（总的来说是快）为上旋；球在空中的飞行弧线曲度大，为上旋或侧上旋；球在空中的飞行弧线曲度小，为下旋或侧下旋。

6）看对方发球后落至本方台面后的弹跳情况。向前走得慢的是下旋，向前走得快的是上旋或不转球，向左偏飞的是左侧旋，向右拐弯的是右侧旋。

7）记住不同性能球拍的颜色及各自的性能。

（2）接发球的方法

1）接上旋转（奔球），用正反手攻球或推挡回接，拍面适当前倾，击球的中上部，调节好向前的力量。

2）接下旋长球，用搓球、削球、提拉球回接，搓或削时多向前用力。

3）接左侧上（下）旋球，可采用攻球或推挡（搓球或拉球）回接，拍面稍前倾（后仰）并略向左偏斜，击球偏右中上（中下）部位，以抵消来球的左侧上（下）旋转。

4）接右侧下（下）旋球，可采用攻球或推挡（搓球或拉球）回击，拍面稍前倾（后仰）并向右偏斜，击球偏左中上（中下）部位；回接要点和方法与接左侧上（下）旋球相同。

5）接近网短球，用快搓、快点或台内突击回接，主要靠手腕和前臂的力量。

6）接转与不转球，在判断不准的情况下可轻轻地托一板或撇一板，但要注意弧线和落点。

7）接不同性能球拍的发球，长胶、生胶、防弧胶的发球基本属于不转球，用相应的方法回接。

8）接高抛发球，如球着台后拐弯的程度大，应向拐弯方向提前引拍。

上述各种接发球方法，只是初学者应当懂得的基本知识。至于回球落点的控制、回球时力量运用等问题还有待于练习者在反复练习过程中逐步加以研究和提高。

（二）乒乓球运动的攻球技术

攻球是乒乓球比赛中争取主动和获得胜利的重要技术。它具有快速有力的特点，能体现积极主动、快速进攻的指导思想。运用得好能使对方陷于被动，取得优势。因此必须学会全面的攻球技术。

1. 正手近台快攻

（1）特点。正手近台快攻站位近、动作小、球速快，借球的反弹力还击，能缩短对方准备回击的时间，为己方争取主动，可以充分发挥近台快攻的作用。也可以为扣杀创造机会，或直接得分。

（2）动作要点。左脚稍前，身体离球台 40 厘米左右。①击球前，持拍手臂要向右前伸迎球，前臂自然放松，球拍呈半横状。当球从台面弹起时，前臂和手腕向前上方挥动，并配合内旋转腕的动作，使拍形前倾，在球上升期击球的中上部。②触球时，拇指压拍，同时加快手腕内旋的速度，使拍面沿球体做弧形挥动。③击球后，挥拍至头部高度。球击出后，迅速还原，手臂放松，准备下一板击球。

2. 正手扣杀球

（1）特点。正手扣杀球是比赛中重要得分手段，一般是在技术取得主动和优势的情况下运用。它具有动作大、力量重、球速快、攻击性强的特点，在还击半高球时，能充分发挥击球力量，是得分的一种重要手段。常用来对付各种机会球，或前冲力不大的半高球。

（2）动作要点。左脚在前站立，击球前持拍手臂向右后方引拍，并稍高于台面，球拍呈半横状。当球弹起至高点时，上臂带动前臂由后向前挥，将触球时，前臂加速用力向左前挥击，手腕跟着移动，在高点期击球中上部，拍形稍前倾。拍触球时，整个手臂的力量应发挥到最大限度，同时腰部配合向左转动。触球点一般在胸前 50 厘米左右。击球后重心由右脚移至左脚。扣杀后立即还原，准备连续扣杀。

练习攻球包括：①反复徒手挥拍练习，并结合步法一起练。②在台上用多球练习。开始自抛自攻，然后两人配合，陪练者连续送单个球，练习者正手连续攻球，先练习轻打体会动作的正确性，稍熟练后逐渐加力。③陪练者用推挡，练习者用正手攻球，先定点、定线路，然后有规律地变化落点，最后进行无规律的一点攻不同落点的练习。④对攻练习。两人先练1/2台右方斜线对攻，再练直线对攻。先轻打，能控制好落点后，再用中等力量，熟练后可发力对攻。对攻时先练习近台，然后到中台或中远台，并要有一定的数量和速度。

（三）乒乓球运动的推挡、拨球技术

推挡球是我国直拍快攻打法的基本技术之一。它的特点是站位近、动作小、球速快、变化多。比赛中运用它可牵制对方，调动对方，争取主动，在被动时可以积极防御从相持变为主动。初学者应首先熟悉球的性能和掌握击球动作，再学习推挡球，然后进一步学习变换推挡球的力量和旋转等技术。

1. 推挡技术

（1）平挡

1）特点和作用。平挡球球速慢、力量轻、动作简单，容易掌握，它是初学者入门的技术。反复练习挡球可以熟悉球性，体会击球时的拍形变化，提高控制球的能力。在对方攻击时，挡球还能作为防御的一种手段。

2）动作要点。两脚平行或左脚稍前，身体离球台约50厘米。击球前，前臂与台面平行伸向来球。拍触球时，前臂和手腕稍向前移动，主要借助来球的反弹力将球挡回。

（2）快推

1）特点。快推回球的速度快，有斜、直线变化。在对攻和相持中运用对推两大角或突击对方空当，能争取时间，使对方左顾右盼应接不暇，造成其直接失误或漏出空当，为自己正手或侧身抢攻创造条件。快推一般适用于对付旋转较弱的拉球、推挡球和中等力量的突击。

2）动作要点。①击球前上臂、前臂适当后撤引拍（动作要小）；②击球前手臂迅速迎前，在来球的上升期触球；③触球一刹那前臂稍外旋配合手腕外展动作，使拍面触球的中上部，手臂主要向前稍微向上辅助用力。

2. 横拍反手快拨技术

（1）特点。反手快拨是横拍进攻型打法常用的一项相持性技术。它具有站位近、动作

小、落点变化快的特点。它虽有一定的速度，但力量较差，应与其他攻球技术结合使用。

（2）动作要点。右脚稍前，身体离球台约 40 厘米，持拍手臂自然弯曲，将球拍移至腹前偏左的位置，击球时前臂和手腕向右前上方挥动，同时配合外旋转腕动作，使拍形前倾，在球上升期击球中上部，击球后遂将球拍挥至右肩前。

练习方法包括：①推挡徒手模仿练习；②对墙推挡击球练习，先不定点，后定点；③陪练者把球供到练习者反手位，练习者连续推挡，力量中等，落点不限；④陪练者发平击球到练习者左半台的不同落点，使练习者在移动中做推挡练习；⑤两人在台上对推，不限落点，只要动作正确，并能击球过网；⑥两人对推，先推中线，再推直线和斜线，逐渐加快速度，体会快速推挡动作；⑦一点推两点或不同落点；⑧陪练者攻球，练习者推挡，先定点，再有规律变化落点，最后不定点。

（四）乒乓球运动的搓球技术

搓球是指近台还击下旋球的一种基本技术，比赛中经常用它为拉弧圈球创造条件，可用来接发球或作为过渡球，它和攻球结合可形成搓攻技术。

1. 慢搓

（1）特点。慢搓动作幅度较大，回球速度慢，击球时间晚，同快搓结合运用可改变击球节奏，利用旋转的变化为进攻创造机会或直接得分。

（2）动作要点。反手慢搓是右脚稍前，身体离台约 50 厘米，持拍手臂向左上引拍，击球时前臂和手腕向前下方用力。同时配合内旋转腕动作，拍形后仰，在球下降期后段击球的中下部。击球后前臂顺势送。横拍搓球，拍形略竖一些，击球后前臂向右下方挥拍。正手慢搓是左脚稍前、身体稍向右转。击球前手臂向右上方引拍。然后前臂手腕向左前下方用力搓球，在球的下降后期击球的中下部。

2. 快搓

（1）特点。快搓动作小、回球速度快，击球时间较早，可变化击球节奏，用于对付对方发过来或削过来的近网下旋球，利用旋转变化为进攻创造机会。

（2）动作要点。正手慢搓是右脚稍前移，身体靠近球台。来球在身体左侧时，可运用反手搓球。击球时上臂迅速前伸，前臂跟随向前，拍形稍后仰，利用上臂前送力量，在球上升期击球中下部。在用正手搓身体右侧球时，身体稍向右转，手臂向前右上引拍，然后前臂和手腕向前下方快拨回击，右半台来球以正手攻球回击。要求练习者把球尽量击到对方球台的左半台。在较熟练后，应逐渐加快速度，使练习者的左右摆速得到加强，同时应练习左右移动的步法，学会在左右移动中准确地击球。通过左推右攻的练习可提高对攻相持能力。

（五）乒乓球运动的弧圈球技术

弧圈球技术是现代较先进的、上旋力非常强的进攻技术。比赛时运用弧圈球不仅为快攻创造机会，而且在被动时可作为过渡，主动时发力拉冲可直接得分。是比赛取得胜利的重要手段。

1. 正手弧圈球的主要技术

两脚开立，右脚在后，准备击球时，身体向右扭转，右肩略低于左肩，略收腹，根据不同技术动作的要求，适当地引拍，合适的拍面角度。身体重心落在右脚上，击球时，右脚蹬地向左转，腰带动肩、上臂、前臂和手腕发力。

（1）正手拉加转弧圈球

1）特点。这种弧圈球球速较慢、弧线较高、上旋性特强，着台后向下滑落快，对方回击不当易界或击出高球，为扣杀创造机会。一般遇到低而下转的来球时，打这种球比较多。在比赛中，当对方来球难度较大难于抢攻时，为了打乱对方节奏，为自己创造机会，也常用此技术。

2）动作要点。两脚开立，右脚稍前，身体略向右转，两膝微屈，重心放在右脚上。准备击球时，持拍手臂自然下垂，并向后下方引拍，右肩略低于左肩，拇指压拍使拍形略为前倾，呈半横立状，并使拍形固定。当来球从台面弹起时，手臂向前上方挥动，前臂在上臂带动下攥发性用力做快收动作，将要触球时，手腕向前上方加力，并在来球下降期用拍摩擦球的中部或中上部。球拍摩擦球时，要注意配合腰部向左上方转动和右腿蹬地的力量。击球后，重心移至左脚。拉球后立即放松还原，准备迎下一板来球。

2. 正手拉前冲弧圈球

1）特点。这种弧圈球上旋较强、弧线低、速度较快，球着台后前冲力大，可以起扣杀的作用。是弧圈球打法的主要得分手段。

2）动作要点。准备动作见前正手弧圈球技术动作。球拍自然引至身体与台面同高，拍形前倾与水平面成35~40°角。当球从台面弹起还未达到高点时，腰部向左转动，手臂向前上方挥动，上臂带动前臂加速内收，手腕略微转动，在高点期用拍摩擦球的中上部，使之成为较低的弧线落至对方的台面上，击球后重心移至左脚上。拉球后立即放松还原，准备迎下一板来球。

练习方法：①徒手模仿拉弧圈球练习。②陪练者用多球打出中路出台的下旋球，练习者连续拉弧圈球。③陪练者用推挡，或正手攻、削球，练习者连续拉弧圈球。④两人对搓，固定一方搓中转拉。⑤练习以上内容，先拉固定落点，再拉非固定落点；先1/2台连续拉，后2/3台直至全台连续位。⑥一点对二点的推拉练习。⑦对拉或发球、接发球抢拉练习。⑧拉、扣结合练习。

二、乒乓球运动的战术教学

（一）乒乓球运动的发球抢攻战术

发球抢攻是我国直板快攻打法的"杀手锏"，是力争主动、先发制人的主要战术。各种类型打法的运动员都普遍采用发球抢攻来抢占每个回合的上风。发球战术运用的效果主要取决于发球的质量和第三板进攻的能力。具有速度快、突发性强的特点。

1. 正手发转与不转球抢攻。一般以发至对方中路或右方短球为主，配合左方长球。开始先发短的下旋球为好，以控制对方不能抢攻或抢拉，然后再发不转球抢攻。不转球，一般也先发短的，或发至对方攻势较弱的一面；如果对方接球失误，还可适当发些长的到其正手。若能发到似出台又未出台的落点，则效果更好。

2. 侧身用正手发高、低抛左侧上、下旋球后抢攻。发球的落点为：发至对方中左短、左大角、中左长、中右（向侧拐弯飞行正好至对方怀中）和右短，配合一个直线奔球。左手执拍的选手采用此套发球抢攻的战术，威胁更大。一般多用侧身发高抛至对方右近网，对方轻拉至反手，可用推挡狠压（也可用侧身攻）一板直线，或直接得分，或为下板球的连续进攻制造机会；若对方撇一板正手位球，可用正手攻一斜线至对方反手。

3. 反手发右侧上、侧下旋球抢攻。此战术尤其适合擅长反手进攻的选手运用。一般多发至对方中右近网或半出台落点，然后用正、反手抢攻对方反手。亦可发长至两大角。一般发至对方正手时，对方常会轻拉直线，可用反手抢攻斜线。若发至对方反手拉，还可伺机侧身抢攻。对横拍削球手，以发至中右半出台为好。因为横握拍用正手接右侧旋球不便发力，控制能力低。反手发右侧上、下旋球，应强调出手动作要快。对方接发球的一般规律是：你发短球，对方接球也短。发球抢攻者应有这方面的意识。

4. 反手发急球后抢推、抢攻。反手发急上旋球至对方反手后，侧身抢攻。要求急球必须发得快、力量大、线路长，并最好能有一个直线急球配合。擅长反手推挡的选手，或遇到对方反手推攻较差的选手，可采取发急下旋后用推挡紧压对方反手，再伺机侧身攻的战术。

为增加上述战术的效果，可与发右方小球配合运用，以长短互相牵制，相得益彰。

（二）乒乓球运动的接发球战术

接发球战术与发球抢攻战术同样重要，在某种意义上讲，接发球水平的高低可以反映运动员的实战能力以及各项基本技术的应用程度。事实上，接发球者只是暂时处在被控制状态，如果你破坏了发球者的抢攻意图或者为其制造了障碍，减弱了对方抢攻的质量，也就意味着已经脱离被控制状态，变被动为主动了。控制与反控制是辩证的统一。同时还要求力争积极主动，能拉的一定要抢拉，能攻的一定要抢攻。树立抢拉、抢攻为主的指导思想。不管用什么技术接发球都要突出"快"字，还要突出"变"字，多变化接发球方法，多变化接发球的落点、旋转、速度。

接发球抢攻或抢拉是对付对方发的各种上旋球，侧上、下旋球的一种积极主动的接发球方法。当对方发球时，注意力要高度集中，判断对方发球的旋转、落点、速度，如果发的是长球或半出台球，应及时移动步法，抢到最佳击球点，大胆采用抢攻或抢冲接发球。

用推（拨）接发球，将球接到对方弱点位置。运用这种接发球战术时，应击球速度快、弧线低、落点刁。

用搓球接发球，当对方发强烈的下旋短球或侧下旋短球时可以快搓摆短配合快搓两角底线长球，争取抢先拉或攻。

接发球针对性要强。如果对手追身球能力差，接发球时就往追身位快点或抢冲；如果对手攻短球能力差，接发球时就快搓摆短。总之，要破坏对方的发球抢攻能为自己下一板（第四板）抢攻创造条件。

（三）乒乓球运动的搓攻战术

搓攻战术是进攻型打法的辅助战术之一，主要是利用搓球旋转的变化和落点的变化为抢攻创造机会。这一战术在比赛中被普遍采用。搓攻战术也是削球型打法争取主动的主要战术之一。搓攻是利用快、慢搓球为过渡性手段，经过搓球的旋转、速度、落点变化，控制、组织、制造机会，进行突击扣杀、拉、冲弧圈球。是初学者经常运用的战术。

1.搓转与不转球，制造机会，伺机突击。利用搓转与不转球的变化配合落点，出现机会，进行突击、扣杀或拉、冲弧圈，取得主动。可以先搓加转下旋，交替用相似方法搓出不转球，择机进攻。起板时出手要快，落点要刁钻。

2. 快搓加转短球，配合快搓两大角，然后突击。利用快搓加转下旋球至左、右方近网，迫使对手贴近球台，突然又用快搓至左方或右方大角度用这种时间差、落点再配合旋转变化，对方动作稍一缓慢，易出机会，遭到拉、扣、冲袭击。

3. 搓逼反手大角，变直线，伺机进攻。先用加转搓球遏住对方反手位大角度，视其准备侧身、注意力集中在反手时，突变直线伺机进攻。一般用于对付反手进攻能力不强的对手。

第三节　游泳运动教学实践

一、游泳的基本技能

游泳是水上运动之一，它是一项人体在特定的水环境中进行的运动。它凭借人的头部、躯干和四肢的运动使人体在水中游进。游泳主要包括竞技游泳、花样游泳和实用游泳。各种游泳又有多种不同的泳式和技术要求。

经常进行游泳锻炼，不仅可增大呼吸肌的力量，扩大胸部活动幅度，增大肺的容量，提高呼吸系统的机能；同时，能使神经呼吸和血液循环等系统的机能得到改善，提高肌肉力量、速度、耐力、弹性和全身关节灵活性，有效地增进健康，预防疾病，提高身体素质，使身体得到协调发展。

（一）水中行走练习

1. 动作要领。做各种方向的行走或跑的练习，可用两手拨水维持平衡或加快走、跑、跳、转身、跃起、下沉等的速度。

2. 常见错误动作与纠正方法，见表 7-1。

表 7-1 水中行走常见错误动作与纠正方法

常见错误	原因	纠正方法
不敢下水	怕水	鼓励，消除怕水心理
腿不敢向前移动	怕失去身体平衡	开始行走时速度慢些，脚站稳后再迈步
摔倒	走动时，掌握不了身体平衡	身体向前移动时，腿向后蹬和向前抬腿时都要用力。身体稍前倾，重心落在两脚之间，两手在体侧维持平衡

（二）呼吸练习

1. 动作要领。游泳主要用口吸气，呼气用鼻或口鼻一齐呼。练习主要是单人、扶边或在同伴帮助下进行，用口吸气后闭气，慢慢下蹲把头全部浸入水中，停留片刻后起立换气。

2. 常见错误动作与纠正方法，见表 7-2。

表 7-2 游泳呼吸常见错误动作与纠正方法

常见错误	原因	纠正方法
用鼻吸气	动作概念不清，或受习惯动作影响	明确动作要领，练习时可用手捏鼻（或用鼻夹），强迫练习者用口吸气
没有在水下呼气	动作概念不清，或怕水心理影响	明确动作要领，练习时要用力呼气，要连续冒出气泡

（三）浮体与站立练习

1. 动作要领。要求练习时要深吸气，在水中闭气的时间应尽可能长。站立时，两臂前伸向下按压水并抬头，以脚触池底站立。练习方法，主要有抱膝浮体练习和展体浮体练习。

2. 常见错误动作与纠正方法，见表 7-3。

表 7-3　浮体与站立常见错误动作与纠正方法

常见错误	原因	纠正方法
浮不起来	紧张，未深吸气	反复练习用口深吸气的动作和闭气动作。讲清道理，不要紧张
站立时向前倒	动作概念不清，两臂没有前伸和向下压水抬头动作	明确动作要领，练习时要求两臂向前伸直双脚触池底站立。站立后，两手可在体前、体侧拨水，以帮助身体站稳

（四）滑行练习

1. 动作要领。蹬池壁或蹬池底并使身体成流线型的动作，要求滑行时臂和腿要并拢伸直，头夹于两臂之间，身体呈流线型。同时要教会蹬壁或蹬池底的动作。练习方法，主要有蹬池底滑行练习和蹬边滑行练习。

2. 常见错误动作与纠正方法，见表 7-4。

表 7-4　水中滑行常见错误动作与纠正方法

常见错误	原因	纠正方法
蹬壁无力	蹬壁前，身体距离池壁太远	蹬壁前，臀部尽量靠近池壁，大小腿尽量收紧，用力蹬壁
滑行时抬头塌腰	动作概念不清	明确要领。蹬出滑行时要求低头夹于两臂之间，让身体成流线型滑行

（五）踩水练习

（1）动作要领。重点掌握手、脚对水面动作、手和腿合理协调动作。

要求身体前倾，肌肉放松，手臂、腿脚动作要协调而有节奏。练习方法，主要有手扶池槽踩水练习、身系浮带踩水练习和踩水练习，连续做蹬夹—收屈—蹬夹动作。

（2）常见错误动作与纠正方法，见表 7-5。

表 7-5　踩水常见错误动作与纠正方法

常见错误	原因	纠正方法
身体失去平衡	概念不清、上体后仰	上体稍前倾和稍低头，双手在胸前维持平衡
身体下沉	手、腿动作不正确	手在胸前做向里向外的拨水动作，增加浮力；腿向下做蹬夹水动作，增加浮力
不能持久	手、腿、呼吸配合不协调	改进蹬夹水动作，提高腿蹬夹水的动作效果；加强手、腿、呼吸协调配合，呼吸要有节奏性

二、蛙泳技术与练习方法

蛙泳比其他竞技泳姿速度慢，但是动作平稳，容易掌握，呼吸便利，适于长距离游泳，便于观察和掌握方向，实用价值较大，是救护、潜泳、泅渡江河湖泊的常用姿势。

（一）蛙泳技术

1. 身体姿势

蛙泳时，身体姿势不是固定不变的，而是随着臂、腿及呼吸动作的周期性变化而不断变化着。当蹬腿结束后，两臂并拢前伸，两腿向后蹬直并拢时，身体处于较好的流线型滑行状态，身体几乎水平地低卧于中水，头部夹在两臂之间，两眼注视前下方，腹部与大、小腿位于同一水平面上，臀部接近水面，身体纵轴与水平约成 5~10° 角。

2. 腿部动作

蛙泳时腿的技术动作可分为收腿、翻腿、蹬夹腿和滑行 4 个紧密相连的阶段。

（1）收腿。开始收腿时，两腿随着吸气的动作自然向下。同时两膝开始弯曲并自然分开，小腿向前回收。回收时，两脚放松，脚踵向臀部靠拢，边收边分。收腿时力量要小，两脚和小腿回收时，要收在大腿的投影截面内。收腿结束时大腿与躯干约成 130~140° 角，两膝内侧与髋关节同宽，为翻脚和蹬夹腿做准备。

（2）翻腿。收脚将结束时，脚仍向臀部靠近。这时大腿内旋，膝关节稍内。同时两脚向外侧翻开，勾足尖，使小腿内侧对好蹬水方向，使腿在蹬夹时有一个良好的对水面。

（3）蹬夹腿。翻脚后，立即以腰腹和大腿同时发力向后蹬水。先伸髋，再伸膝，以大腿、小腿内侧和脚掌向后做急速而有力的蹬夹动作。该动作是推动身体前进的重要动作来源。

（4）滑行。蹬腿结束后，腿处于较低的位置，脚距离水面为 30~40 厘米。此时两腿迅速并拢伸直，身体适度紧张，呈流线型，做短暂滑行，准备开始下一个腿部动作周期。

3. 臂部动作

现代蛙泳广泛采用高肘、快频率。动作可分为抓水、划水、收手和向前伸臂四个紧密相连的阶段。

（1）抓水。从两臂前伸并拢，掌心向下的滑行开始，前臂、上臂立即内旋，掌心转向外斜下方，略屈腕，两手分开向侧下压水至两手间距约为两倍肩宽处，手掌和前臂感到有压力，便开始划水。此阶段动作速度较慢。

（2）划水。当两手做好抓水动作，两臂分至大约 40~45° 夹角时，手腕开始逐渐弯曲。这时两臂、两手逐渐积极地做向侧下后方屈臂划水。划水时肘的最大屈角为 90° 左右，划水应用力，使上体上升到较高的位置，为下一阶段收手。向前伸臂做好充分准备。

（3）收手。收手是划水阶段的继续。收手过程也能产生较大的前进作用和升力。收手过程手臂向里、向上收到头前下方。这时，前臂与肘几乎同时做动作。收手时不应降低划水速度，而是以更快速度积极完成。收手结束时，肘关节低于手，大小臂成锐角。

（4）伸臂。伸臂动作是由伸直肘关节、肩关节来完成的，掌心由朝上逐渐转向下方，手指朝前。同时迅速低头，将头夹于两臂之间。动作完成时，两臂伸直并拢充分伸肩，手掌心向下，呈良好的流线型向前滑行。

4. 其他动作

（1）呼吸。呼吸要和臂的动作协调配合，划水结束时，抬头用鼻和口呼气，手臂划水时用口吸气，收手低头闭气，伸臂时徐徐呼气。

（2）腿、臂与呼吸完整配合技术。蛙泳在一个动作周期中，一般采用一次呼吸、一次划水、一次腿的配合。臂开始划水时，腿伸直不动，划水将结束，两腿自然放松，并在收手时开始收腿。手臂开始前伸时，收腿结束并做好翻脚动作，手臂接近伸直时，开始向后蹬腿。伸臂蹬腿结束后，身体伸直向前滑行。

（二）练习方法

蛙泳技术比较复杂。因此，蛙泳教学中要抓住基本技术，其中腿是基础，呼吸动作是关键。蛙泳学习按腿、臂、臂腿配合及完整配合的顺序进行。

1. 腿部动作练习

（1）陆上模仿练习：坐在地上或池边，上体稍后仰，两手体后撑，做蛙泳腿收、翻、蹬夹、滑行的动作练习，先按口令分解练习再过渡到完整连贯动作；俯卧池边做收、翻、蹬夹、滑行练习。

初学者重点体会翻脚及滑行动作。

（2）水中练习：手扶池边，身体浮于水中，做腿部练习；蹬边两手前伸，闭气滑行做腿部动作练习；扶住浮板，两臂伸直，头浸入水中，做蛙泳腿部动作练习；扶浮板，头浸入水中闭气，蹬两次腿呼吸一次。

2. 手臂动作练习

（1）陆上模仿练习：站立，上体前倾，两臂前伸，掌心向下。按口令做以下动作：两手同时向侧后下方划水，屈臂收手至颏下，掌心斜下对，两手向前并拢。

（2）水中练习：两脚开立站于齐胸深的水中，上体前倾，两臂按陆上练习要求做划水动作，先做原地后做运动的小划臂练习；俯卧滑行小划臂练习；臂和呼吸配合练习，臂的动作同上，由走动到俯卧滑行做臂与呼吸配合动作；双人练习，由同伴抱住练习者双腿，做蛙泳臂与呼吸配合动作的练习。

3. 完整配合动作教学

（1）陆上模仿练习：站立，两臂向上伸直并拢，一腿支撑另一腿做模仿练习，按口令做："1"—划手脚不动，"2"—收手收腿，"3"—先伸臂，"4"—后蹬腿。

（2）水中练习：滑行后闭气做臂、腿配合的练习；因闭气滑行，做划臂腿伸直，收手又收腿，臂将伸直再蹬腿，臂腿伸直后滑行的配合练习。

三、蝶泳技术与练习方法

蝶泳是在蛙泳技术动作的基础上演变而来的，从动作外形看，像蝴蝶展翅飞舞，游时像海豚推波击水，故又称海豚泳。蝶泳技术是所有游泳姿势中最复杂的，而且对游泳者的身体素质要求很高。

（一）蝶泳技术

1. 身体姿势。在游进过程中，头部和躯干各部不断改变彼此间的相对位置，整个动作是以腰为轴有节奏地呈上下起伏的波浪状。

2. 躯干和腿的动作。蝶泳打腿是由腰部发力，大腿调动小腿做有节奏的上下鞭状打腿动作，整个动作是和躯干联系在一起的。打水时两腿自然并拢，当两腿向下打腿结束后，两脚向下达到最低点，膝关节伸直，臀部上升至水面；然后两腿伸直向上移动，髋关节逐渐展开，臀部下沉；当两脚继续向上时，大腿开始下压，膝关节随大腿下压而自然弯曲，大腿继续加速向下；随着屈膝程度的增加，脚向上抬到最高点，臀部下降到最低点，准备向下打水。

脚向下打水时，脚背要保持正对水面，踝关节必须放松伸直；当小腿随着大腿加速下压时，大腿又开始向上移动，等膝关节完全伸直时，向下打水即告结束。

3. 臂的动作。蝶泳手臂的划水动作是推动身体前进的主要动力，它比其他姿势划臂推进力都大。划水时两臂的动作要对称地进行，与自由泳臂的动作结构基本相同。

蝶泳手臂的动作是：两臂经空中快速前移后，在头前于肩宽处入水，入水后臂前伸并压肩挺胸；然后手和前臂内旋向侧下方抓水；接着两臂逐渐向内屈臂划水，当两手划至腹下时，两掌几乎相触并开始用力向后加速推水。移臂是借助两臂推水结束时的惯性进行的，动作是在推水结束前即已开始的，因此移臂和推水是一个连续动作。蝶泳整个划水路线呈钥匙洞形或漏斗形。

4. 腿、臂、呼吸完整配合技术。臂与腿的配合时机是每划水 1 次，打腿 2 次，即在两臂入水的同时做第 1 次打腿，当两臂加速推水时开始第 2 次打腿。蝶泳的呼吸时机很重要，它对于身体的平稳、呼吸的节奏、两臂配合的协调性和两臂划水的连贯性关系很大。其呼吸时机是当手入水做第 1 次打腿时低头憋气，当加速推水和第 2 次打腿的同时抬头吸气。蝶泳的呼吸可采用一动（即一个动作周期）做一呼吸，也可多动一呼吸。

（二）练习方法

1. 躯干与腿部动作练习

（1）原地站立，两臂上举伸直，腰腹前后摆动，模仿蝶泳波浪运动。

（2）身体俯卧于水面，两臂放在体侧或伸直手，以腰为发力点，两腿同时做向上与向下的波浪打腿练习。

（3）蹬边或蹬底滑行后，做上述动作。

（4）蹬边或蹬底滑行后，扶板做蝶泳打水练习。

2. 臂划水练习

（1）站立臂划水练习。站立在齐腰深的水中，上体前倾卧于水面，原地做蝶泳臂划水练习。主要体会两臂划水动作路线和用力的规律。

（2）走动时臂划水练习。在齐腰深的水中，边做蝶泳臂划水练习，边利用划水的推动力，使身体前进。体会两臂向后划水时对水的感觉。

（3）滑行后臂划水练习。利用蹬地或蹬池壁后水中滑行的惯性，进行臂的划水练习。重点体会推水加速感。

3. 腿、臂与呼吸完整配合练习

（1）陆上原地前后站立，模仿蝶泳腿、臂配合动作。

（2）在水中做几次蝶泳打水，手臂划水 1 次练习，然后逐渐过渡到打 2 次腿划 1 次臂配合练习。

（3）在 2 次腿打水、1 次划臂的配合练习基础上，增加呼吸配合练习。重点体会加速推水和第 2 次打腿的同时抬头吸气。

（4）逐渐加长游的距离进行练习。

四、自由泳技术与练习方法

自由泳是身体俯卧水中，依靠两臂轮换划水，因其动作很像爬行，所以称为爬泳。

（一）自由泳技术

1. 身体姿势与腿部动作

（1）身体姿势。自由游时身体要保持几乎水平的俯卧姿势，躯干肌适当紧张，成较好的流线型，身体纵轴与水平面约成 3~5°角。头部应自然地颈后屈，两眼注视前下方。

（2）腿部动作。两腿自然伸直并拢，踝关节放松，两脚内扣，以髋为轴，由大腿带动小腿做上下鞭状打水动作，两脚尖上下幅度约 30~40 厘米，大、小腿弯曲约 140~160°角，两腿向下发力，两腿交替向下打水。

2. 臂部动作技术

臂划水是自由泳推动身体前进的主要动力。臂的一个划水周期可分为入水、抱水、划水、出水、空中移臂五个部分。

（1）入水。臂入水时，肘关节略屈并高于手，手指并拢伸直，向斜下方切擦入水，或掌心暂向外侧切入水中，使手掌与水面的角度为 30~40°，动作要自然放松，臂入水时在身体中线与延长线中间。臂的入水顺序为手—前臂—肘—上臂。

（2）抱水。臂入水后，手腕自然伸直，掌心转向下，积极插向前下方至有利于抱水部位。此时前臂和上臂应积极外旋，当手臂接近完全伸直，手臂与水平面成 15~20° 角时，手腕向下弯曲，同时开始屈肘，使肘高于手。上臂划至与水平面成 30° 角时，手和前臂已经接近垂直于水，肘关节屈至 150° 左右，手和前臂以较大的横截面积对准划水面，整个手臂像抱着一个大圆球似的为划水做准备。

（3）划水。划水是指手臂在前与水平面成 40° 角时起，向后划至与水平面成 150~200° 角为止的动作过程，是产生推进力的主要阶段。这个阶段又分为两个部分，从整个臂部划至肩下方与水面垂直之前称为拉水，过垂直面后称为推水。

拉水是从直臂到曲臂的过程。饱水结束时，屈肘为 150° 左右。拉水时，前臂的速度快于上臂，继续屈肘。当臂划至肩下方时，手在体下靠近身体中线，屈肘为 90~120° 角，整个推力过程应保持高肘姿势，使手和前臂能更好地向后划水。

推水是手臂屈与伸的过程，推水中肘关节向上，向体侧靠近。手在拉水结束后即从肩下中线处向后侧划动至大腿旁。推水时，手掌应始终与水平面保持垂直。这有利于推水时产生反作用力而向前推进。

整个划水动作，手的轨迹始于肩前，继之到腋下，最后到大腿旁，呈 S 形。

（4）出水。在划水结束后，臂由于惯性动作而很快地靠近水面。出水时，手臂放松，微屈肘，肘部向上方提起带动前臂出水面，掌心转向上方。手臂出水动作必须迅速、柔和、放松而不停顿。

（5）空中移臂。臂在空中前移的动作是手臂出水的继续。移臂开始时，手掌几乎完全向后提肘向上，手腕放松，手落后于肘关节。当手前摆过肩时，应与肘成一直线。这时手和臂逐渐向前伸出，掌心也从后上转向前下方，接着准备入水的动作。

3. 两臂配合技术

划水时，依照两臂所处的位置不同，可分为 3 种交叉形式，即前交叉、中交叉、后交叉。

（1）前交叉配合。当一臂入水时，另一臂处于肩前方，与水平面成 30° 角左右。

（2）中交叉配合。当一臂入水时，另一臂处于肩下垂直部位，与水面构成约 90° 角。

（3）后交叉配合。当一臂入水后，另一臂划水至腹部下方，与水平面构成约 150° 角。

初学者应采用第一种交叉形式，它有利于掌握自由泳动作和呼吸动作。

4. 臂、腿与呼吸的配合

自由泳采用转头吸气的方法。这里以向右吸气为例，右手入水后，嘴与鼻慢慢呼气。右臂划水至肩下时，头向右侧转，呼气量增大。右臂推水快结束时，用力呼气，直至嘴出水面。右臂出水时吸气，移臂至与肩平齐时吸气结束。随着继续向前移动，转头还原闭气。

（二）练习方法

1. 腿部技术练习

（1）陆上模仿练习：坐在池边或岸边，两手后撑，两腿向前伸直并拢内旋，直腿做模仿打水的练习。

（2）水中练习：手抓水槽或撑住池底，身体或俯卧水平姿势，两腿伸直，做直腿或屈腿的打水练习；蹬边滑行做直腿或屈腿的打水练习。

2. 手臂与呼吸配合练习

（1）陆上模仿练习：①原地两脚开立，上体前倾做直臂划水模仿练习；②同上练习，要求划水时做出屈臂的动作，移臂时肘高于手；③呼吸练习，两脚开立，上体前倾，两手扶膝，做向侧转头吸气练习；④臂与呼吸配合：同侧臂开始划水时呼气，推水时转头吸气，吸气后头迅速转回，手再入水。

（2）水中练习：站立浅水中，做同陆上练习①～④的练习。如在深水中教学，可用一手扶池边做单臂划水动作练习；⑤两臂配合：扶板打水，单臂划水，向同侧转头呼吸；蹬边滑行后腿轻轻打水或大腿夹助浮器帮助下肢浮起，身体浮起平衡，做单臂划水。

3. 配合动作练习

（1）陆上模仿练习：俯卧凳上做臂、腿配合模仿练习；同上练习，加上呼吸动作。

（2）水中练习：①蹬边滑行打腿，一臂前伸，另一臂划水；②同上练习，配合两臂分解划水练习；③滑行打腿，两臂用前交叉或中交叉轮流划水练习；④逐渐加长游距，在练习中改进动作。

思考与练习

1. 篮球运动技能教学主要有哪些方面？
2. 乒乓球运动的接发球应主要什么？
3. 游泳运动教学的基本技能包括哪些？

参考文献

[1] 曹丹，汤铎. 体育教学中快与好的关系 [J]，体育文化导刊，2006 (11)：62-63.

[2] 曹原. 论体育教学改革的本分恪守 [J]，体育学刊，2017, 24 (5)：80-83.

[3] 常先厚，肖玉新. 体育教学本体论 [J]，体育与科学，2006, 27 (2)：90-92.

[4] 陈接华. 大学体育教学之我见 [J]，教育与职业，2006 (8)：119-120.

[5] 陈立伟，刘引. 美国合作学习教学模式对我国体育教学的启示 [J]. 教学与管理（理论版），2014 (7)：148.

[6] 陈人杰，俞敏君. 体育教学中教师的情感作用 [J]，上海体育学院学报，2003, 27 (5)：119-120.

[7] 崔铮，曾清. 论行为主义理论对学生心理教育的影响 [J]. 文艺生活·文艺理论，2010 (6)：78.

[8] 郭礼，姚小毅，黄军. 试论体育教学系统 [J]，西南师范大学学报（自然科学版），2010, 35 (2)：194-197.

[9] 胡春雷. 关于我国体育学科定位问题的思考 [J]. 成都体育学院学报，2010, 36 (3)：6.

[10] 胡永南，苏荣伟. 现代化与体育教学 [J]，北京体育大学学报，2002, 25 (2)：244-245.

[11] 贾宁. 论体育教学中的教育性原则之旁落与唤起 [J]. 中国教育学刊，2021 (8)：72.

[12] 金红珍. 体育教学评价的元评价及其量化分析模型 [J]. 天津体育学院学报，2006, 21 (5)：436.

[13] 李宝峰. 论建构主义学习理论视野下的创新教育 [J]. 教育探索，2005 (8)：16.

[14] 李景红，蒋满华. 学校体育教学的新拐点 [J]，北京体育大学学报，2005, 28 (2)：241-242.

[15] 李梅月，孙玉芹. 从体育教学研究谈体育教学改革［J］. 山东体育科技，2009，31（2）：64.

[16] 刘锦. 大学体育课堂教学师生互动模式探讨［J］. 黑龙江高教研究，2016（3）：163.

[17] 刘景裕，彭鹰，梁少雄. 体育教学中的素质教育［J］，体育学刊，2000（2）：97-98.

[18] 刘俊凯，论体育教学目标分类［J］，体育学刊，2013（5）：79-82.

[19] 刘玉林，王建国，张培峰. 篮球运动特性的研究［J］. 成都体育学院学报，2004，30（1）：57.

[20] 刘玉琴，黄晓俊. 论体育教学中的美感教育［J］，安徽师范大学学报（自然科学版），2006，29（3）：298-300.

[21] 鲁志文. 体育教学与情感教育［J］，南京体育学院学报（社会科学版），2002，16（3）：84-85.

[22] 秦百里，韩敬全，郑彬. 大学体育教学模式改革探析［J］，体育与科学，2004，25（6）：91-92.

[23] 秦海生. 德育在中学体育教学中的渗透［J］，教育探索，2012（4）：141-142.

[24] 孙再玲，张华. 体育教学的层次教学法初探［J］，河南大学学报（社会科学版），2002，42（4）：129-130.

[25] 孙自俭. 高校体育教学理论化立论［J］，体育与科学，2001，22（3）：64-66.

[26] 谭文武，黄晓卫，赵新秋. 现代教育观与体育教学［J］，湘潭大学社会科学学报，2003，27（3）：145-146.

[27] 谭兆风，王元水，伍天慧. 价值追求与体育教学［J］，广州体育学院学报，2005，25（4）：96-98.

[28] 田菁，闫芬，刘春燕. 体育教师是课程内容资源开发的关键［J］. 北京体育大学学报，2009，32（7）：85.

[29] 万海英. 体育教学与运动教练［J］，体育学刊，2003，10（4）：87-89.

[30] 王冰. 体育教学与心理健康教育［J］，广州体育学院学报，2004，24（4）：106-108.

[31] 王振兴. 关于体育教学评价的思考［J］. 现代教育科学（高教研究），2004（3）：78.

[32] 谢诚. 对乒乓球运动文化内涵的阐释 [J]. 湖北大学学报（哲学社会科学版），2006，33（1）：120.

[33] 徐焕喆，赵勇军. 新时代我国高校体育教学改革任务及措施 [J]，体育文化导刊，2022（2）：98-103.

[34] 徐岩，孙光. 体育教学方法论思考 [J]，体育与科学，2002，23（4）：75-76.

[35] 许砚田，毛坤，邢庆和. 高校体育教学模式的探讨 [J]，北京体育大学学报，2001，24（4）：508-510.

[36] 杨果. 高校体育教学中运动伤害事故预防及处理研究——评《我国学校体育伤害事故预防理论与实践研究》[J]. 中国安全科学学报，2021，31（1）：201.

[37] 杨洪辉. 建设新农村视野下的农村体育人力资源开发 [J]. 体育文化导刊，2007（10）：10.

[38] 杨丽华. 论学校体育教学内容的结构 [J]，北京体育大学学报，2000，23（4）：535-537.

[39] 杨天庆，崔学梅，李小唐. 教育性体育教学概念辨析 [J]，天津体育学院学报，2008，23（5）：425-427.

[40] 袁海强. 体育教学中体育游戏运用思考 [J]，体育文化导刊，2015（3）：146-149.

[41] 原丽英，杨伟. 论体育教学过程 [J]，西安体育学院学报，2001，18（2）：87-88.

[42] 张洪潭. 从体育本质看体育教学 [J]，体育与科学，2008，29（2）：81-86.

[43] 张学忠. 论体育教学主体性 [J]，西北师范大学学报（自然科学版），2001，37（2）：106-110.

[44] 郑火云. 体育教学中的道德教育研究 [J]，湖南师范大学社会科学学报，2013（z1）：43-44.

[45] 周登嵩，刘海元. 重构体育教学原则 [J]，北京体育大学学报，2002，25（5）：652-655.